ORDONNANCE
DU ROY,

Portant règlement pour le payement des Troupes de Sa Majesté pendant la campagne prochaine.

Du 30 Avril 1747.

A PARIS,
DE L'IMPRIMERIE ROYALE.

M. DCCXLVII.

ORDONNANCE DU ROY,

Portant règlement pour le payement des Troupes de Sa Majesté pendant la campagne prochaine.

Du 30 Avril 1747.

DE PAR LE ROY.

SA MAJESTÉ voulant régler le traitement qui sera fait à ses troupes pendant la campagne prochaine, soit dans ses armées ou dans les garnisons, a ordonné & ordonne que, conformément aux états qu'Elle fera expédier, il sera fourni du fourrage, lorsqu'il n'y aura pas occasion de fourrager sur le pays, & du pain de munition, aux Officiers d'Infanterie françoise, des troupes de Cavalerie de la maison du Roy, des régimens de Cavalerie, de Carabiniers, de Hussards & de Dragons, & aux Brigadiers, Sous-brigadiers, Gardes-du-corps, Gendarmes, Chevaux-légers, Mousquetaires, Grenadiers à cheval, Carabiniers, Cavaliers, Hussards & Dragons; & du pain de munition seulement aux Sergens & Soldats de ses troupes, tant françoises qu'étrangères,

FOURRAGE & PAIN de munition.

A

qui serviront dans les armées de Sa Majesté, à commencer des jours qu'elles se mettront en campagne en corps d'armée, sçavoir, pour l'armée de Flandre, depuis le premier mai 1747, & pour celle de Provence, depuis le premier juin suivant; & pour ces deux armées, jusqu'au dernier octobre prochain, sur le pied des revûes: Sa Majesté voulant qu'il en soit fait régulièrement trois pendant la campagne, aux troupes des armées, par les Commissaires des guerres, avec les Directeurs ou Inspecteurs généraux où il s'en trouvera; la première pour l'armée de Flandre, dans le mois de mai; la seconde dans le mois de juillet, & la troisième dans le mois de septembre. Et pour l'armée de Provence, la première dans le mois de juin, la seconde dans le mois d'août, & la troisième dans celui d'octobre.

ARTICLE PREMIER.

Gardes-Françoises & Gardes-Suisses.

LES compagnies des régimens des Gardes-françoises & Suisses seront payées de leur solde ordinaire, sur laquelle il sera retenu deux sols pour chaque ration de pain de munition qui leur sera fournie, & les Officiers de l'Etat-major de chacun desdits régimens recevront leurs appointemens suivant les états qui seront expédiez.

II.

INFANTERIE FRANÇOISE.

Infanterie françoise.

Compagnies de Grenadiers.

LES troupes de ladite Infanterie françoise, outre le pain de munition qui sera fourni aux Officiers & Soldats, seront payées pendant qu'elles seront en campagne, sçavoir, chaque compagnie de Grenadiers, composée de quarante-cinq hommes, sur le pied par jour de dix sols au Capitaine, huit sols au Lieutenant, six sols au Sous-lieutenant, six sols à chacun des deux Sergens, trois sols neuf deniers à chacun des trois Caporaux, trois sols six deniers à chacun des trois Anspessades, trois sols à chacun des trente-six Grenadiers & un Tambour, & deux sols pour chacune des trois payes de gratification que le Capitaine touchera par jour lorsque sa compagnie se trouvera de quarante-quatre ou quarante-cinq hommes; deux desdites payes la compagnie étant à quarante-un, quarante-deux ou quarante-trois; une seulement à quarante, & rien au dessous dudit nombre de quarante hommes.

Compagnies de Fusiliers.

Les seize compagnies de Fusiliers, de quarante hommes, qui sont en chaque bataillon, servant en campagne, seront payées sur le pied par jour de huit sols au Capitaine, six sols au Lieutenant, cinq sols à chacun des deux Sergens, trois sols trois deniers à chacun des trois Caporaux, trois sols à chacun des trois Anspessades, & deux sols six deniers à chacun des trente-un Fusiliers & un Tambour: le Capitaine aura de plus cinq payes de gratification, de cinq sols chacune par jour, sa compagnie étant au complet de quarante hommes; trois desdites payes à trente-cinq, trente-six, trente-sept, trente-huit & trente-neuf; & deux seulement lorsqu'elle ne sera qu'à trente, trente-un, trente-deux, trente-trois & trente-quatre, sans qu'il puisse en prétendre aucune sa compagnie étant au dessous du nombre de trente hommes.

Capitaines-postiches des régimens de Limosin, Bourgogne, Médoc & Ponthieu.

Les Capitaines-postiches qui ont commandé les compagnies dans les nouveaux bataillons des régimens de Limosin, Bourgogne, Médoc & Ponthieu, pendant l'absence des titulaires prisonniers de guerre, & qui depuis l'échange de ces titulaires, & en conséquence de l'article III de l'ordonnance du 25 août 1745, ont passé à des lieutenances vacantes dans les compagnies de ces régimens, avec le titre de Capitaine-lieutenant, seront payez sur le pied de sept sols par jour lorsque les régimens auxquels ils sont attachez seront à la solde de campagne, & tant qu'ils serviront en ladite qualité, en passant présens aux revûes des Commissaires des guerres, sans tirer à conséquence pour leurs successeurs, lesquels n'auront que le titre de Lieutenant, & ne recevront que les appointemens ordinaires attachez à ce grade, sur le pied de six sols par jour.

Soldats surnuméraires du régiment du Roy.

Les cinq hommes surnuméraires que Sa Majesté veut bien entretenir au delà du complet en chacune des soixante-huit compagnies de son régiment d'Infanterie, sans tirer à conséquence pour les autres régimens, seront payez sur le pied par jour de trois sols à chaque Grenadier, & de deux sols six deniers à chaque Fusilier qui sera présent aux revûes des Commissaires ordinaires des guerres, jusqu'audit nombre de cinq par compagnie, sans que cela produise aucune augmentation dans les haute-payes, ni dans les payes de gratification desdites compagnies.

Linge & Chaussure.

L'intention de Sa Majesté est qu'au moyen de la solde réglée par la présente ordonnance, aux Sergens, Caporaux, Anspessades, Grenadiers, Soldats & Tambours, ils soient obligez de s'entretenir de linge & de chaussure.

Enseignes & Lieutenans en second, conservez avec appointemens.

L'Enseigne qui est en chacune des compagnies Colonelle & Lieutenante-colonelle, le Lieutenant en second conservé dans la troisième compagnie de Fusiliers des bataillons Colonels de chaque régiment, & les trois Lieutenans en second aussi conservez dans les trois premières compagnies de Fusiliers, des second, troisième, quatrième & cinquième bataillons desdits régimens, seront payez sur le pied par jour, sçavoir, chaque Enseigne, de cinq sols, & chaque Lieutenant en second, de quatre sols.

Etat-major des régimens d'Infanterie françoise.

Les Officiers de l'Etat-major de chaque régiment d'Infanterie françoise avec prévôté, ou sans prévôté, seront payez sur le pied par jour de huit sols au Colonel, six sols au Lieutenant-colonel, outre leurs appointemens de Capitaine, huit sols au Major, six sols à l'Aide-major, quatre sols au Maréchal des logis, & deux sols six deniers à chacun des Aumônier & Chirurgien.

Prévôté.

Les Officiers de la prévôté des régimens où il y a prévôté, servant dans les armées, seront payez sur le pied par jour de cinq sols au Prévôt, deux sols six deniers à son Lieutenant, deux sols au Greffier, & un sol à chacun des cinq archers & à l'exécuteur de justice.

Commandant & Aide-major de bataillon.

Les Commandans des second, troisième, quatrième & cinquième bataillons des régimens où il y en a ce nombre, seront payez sur le pied de six sols chacun par jour, outre leurs appointemens de Capitaine; & pareils six sols aussi par jour à l'Aide-major qui est en chacun desdits bataillons,

même

même le cinquième qui est dans le premier bataillon du régiment du Roy.

Officiers réformez.

Les Officiers réformez qui servent à la suite des régimens d'infanterie françoise, seront payez, lorsque les régimens seront en campagne, sur le pied par jour de neuf sols à chaque Colonel, huit sols à chaque Lieutenant-Colonel, cinq sols à chaque Capitaine, & trois sols à chaque Lieutenant.

III.

RÉGIMENT ROYAL-ARTILLERIE.

Compagnies de Sappeurs.

Les huit compagnies de chacun des cinq bataillons du régiment Royal-Artillerie, de cent hommes chacune, servant dans les armées, seront payées sur le pied par jour, sçavoir, celle de Sappeurs composée du Capitaine en pied, d'un Capitaine en second, d'un premier Lieutenant, d'un Lieutenant en second, deux Sous-lieutenans, deux Cadets, quatre Sergens, deux Tambours, quatre Caporaux, quatre Anspessades & quatre-vingt-quatre Sappeurs, de vingt-huit sols au Capitaine en pied, vingt-deux sols au Capitaine en second, vingt sols au premier Lieutenant, dix-huit sols au Lieutenant en second, quatorze sols à chacun des deux Sous-Lieutenans, dix sols à chacun des deux Cadets, neuf sols dix deniers à chacun des quatre Sergens, sept sols à chacun des quatre Caporaux, six sols à chacun des quatre Anspessades, cinq sols à chacun des dix-huit du nombre des quatre-vingt-quatre Sappeurs, trois sols six deniers à chacun des soixante-six autres Sappeurs, & cinq sols à chacun des deux Tambours : il sera accordé en outre cinq sols pour chacune des dix payes de gratification que Sa Majesté accorde au Capitaine, sur le pied des gradations portées ci-après pour les compagnies de Canonniers & Bombardiers.

Compagnies de Canonniers.

Les cinq compagnies de Canonniers, composées chacune d'un Capitaine en pied, d'un Capitaine en second, d'un premier Lieutenant, un Lieutenant en second, deux Sous-lieutenans, deux Cadets, quatre Sergens, deux Tambours, quatre Caporaux, quatre Anspessades & quatre-vingt-quatre Canonniers, seront payées sur le pied par jour, ſçavoir, de vingt-huit ſols au Capitaine en pied, vingt-deux ſols au Capitaine en ſecond, vingt ſols au premier Lieutenant, dix-huit ſols au Lieutenant en ſecond, quatorze ſols à chacun des deux Sous-lieutenans, dix ſols à chacun des deux Cadets, neuf ſols dix deniers à chacun des quatre Sergens, ſept ſols à chacun des quatre Caporaux, ſix ſols à chacun des quatre Anſpeſſades, cinq ſols à chacun des dix-huit du nombre des quatre-vingt-quatre Canonniers, trois ſols ſix deniers à chacun des dix-huit autres, trois ſols à chacun des quarante-huit Canonniers reſtans, & cinq ſols à chacun des deux Tambours : Il ſera accordé de plus cinq ſols pour chacune des dix payes de gratification, ſur le pied des gradations portées par l'article ci-après.

Compagnies de Bombardiers.

Les deux compagnies de Bombardiers de chaque bataillon, composées chacune d'un Capitaine en pied, un Capitaine en ſecond, un premier Lieutenant, un Lieutenant en ſecond, deux Sous-lieutenans, deux Cadets, quatre Sergens, deux Tambours, quatre Caporaux, quatre Anſpeſſades, ſeize Artificiers-bombardiers, & ſoixante-huit Bombardiers, ſeront payées par jour, ſçavoir, vingt-huit ſols au Capitaine en pied, vingt-deux ſols au Capitaine en ſecond, vingt ſols au premier Lieutenant, dix-huit ſols au Lieutenant en ſecond, quatorze ſols à chacun des deux Sous-lieutenans, dix ſols à chacun des deux Cadets, neuf ſols dix deniers à chacun des quatre Sergens, ſept ſols à chacun des quatre Caporaux, ſix ſols à chacun des quatre Anſpeſſades, ſept ſols à chacun des quatre du nombre des ſeize Artificiers-bombardiers, ſix ſols à chacun des ſix autres, & cinq ſols à chacun des ſix Artificiers-bombardiers reſtans : Entend Sa Majeſté que l'augmentation de paye ſoit donnée ſeulement à ceux d'entr'eux qui ſe diſtingueront par leur zèle & capacité dans le métier, & non à la ſimple ancienneté du ſervice ; cinq ſols à chacun des douze du nombre des ſoixante-huit Bombardiers, trois ſols ſix deniers à chacun de douze autres, trois ſols à chacun des quarante-quatre Bombardiers reſtans, & cinq ſols à chacun des deux Tambours.

Il sera de plus donné cinq sols pour chacune des dix payes de gratification que Sa Majesté accorde au Capitaine de chaque compagnie de Sappeurs, de Canonniers & de Bombardiers, sa compagnie étant de quatre-vingt-quinze hommes jusqu'à cent; huit desdites payes de quatre-vingt-dix à quatre-vingt-quatorze, six de quatre-vingt-cinq à quatre-vingt-neuf, quatre de quatre-vingt à quatre-vingt-quatre, deux de soixante-quinze à soixante-dix-neuf, & une seulement de soixante-dix à soixante-quatorze; le Capitaine n'en pouvant prétendre aucune, sa compagnie étant au dessous dudit nombre de soixante-dix hommes.

Payes de gratification.

L'Etat-major de chacun desdits bataillons sera payé à raison par jour de vingt-huit sols au Lieutenant-Colonel, outre ses appointemens de Capitaine, trois livres au Major, quarante sols à l'Aide-major, vingt sols au Sous-aide-major, & quatre sols à chacun des Aumônier & Chirurgien.

Etat-major des bataillons du régiment Royal-Artillerie.

Il sera payé cinq livres par jour au Colonel-lieutenant dudit régiment, sçavoir, cinquante-cinq sols pour ses appointemens en ladite qualité, & quarante-cinq sols pour lui tenir lieu de la prévôté que Sa Majesté a jugé à propos de supprimer, ainsi que le Maréchal-des-logis, pour lequel traitement il sera expédié des ordonnances particulières payables à Paris.

Chacune des cinq compagnies de Mineurs qui serviront en campagne, séparément ou avec lesdits bataillons, portée à soixante-quinze hommes par ordonnance du 10 août 1745, outre le pain de munition fourni aux Officiers & Soldats, sera payée à raison de cinq livres treize sols par jour au Capitaine en premier, quarante-huit sols au Capitaine en second, deux livres deux sols au premier Lieutenant, trente-quatre sols au second Lieutenant, vingt-quatre sols à chacun des deux Sous-lieutenans, dix sols à chacun des deux Cadets, seize sols six deniers à chacun des quatre Sergens, douze sols six deniers à chacun des quatre Caporaux, neuf sols six deniers à chacun des quatre Anspessades, huit sols six deniers à chacun des vingt-quatre Mineurs, cinq sols à chacun des trente-cinq Apprentifs,

Mineurs.

ſept ſols ſix deniers à chacun des deux Tambours; & ſept ſols pour chacune des ſept payes de gratification que le Roy accorde au Capitaine, ſa compagnie étant de ſoixante-douze & au deſſus, juſqu'au complet de ſoixante-quinze hommes; ſix de ſoixante-dix à ſoixante-onze, cinq à ſoixante-huit & ſoixante-neuf, quatre à ſoixante-ſix & ſoixante-ſept, trois à ſoixante-quatre & ſoixante-cinq, deux à ſoixante-deux & ſoixante-trois, une ſeulement à ſoixante & ſoixante-un, & rien au deſſous dudit nombre de ſoixante hommes.

Apprentifs ſurnuméraires de la compagnie de Mineurs de Turmel.

Il ſera payé cinq ſols par jour, outre une ration de pain de munition, à chacun des vingt-cinq Apprentifs ſurnuméraires, préſent aux revûes des Commiſſaires des guerres, que Sa Majeſté a bien voulu par ſon ordonnance du 15 avril 1747, entretenir au delà du complet de ſoixante-quinze hommes, dans la compagnie de Mineurs de Turmel, employée à ſon armée de Provence; ſans tirer à conſéquence pour les autres compagnies de même eſpèce, & qu'à l'occaſion de ces ſurnuméraires le Capitaine puiſſe prétendre aucune augmentation dans les haute-payes, ni dans les payes de gratification de ſa compagnie, à quoi Sa Majeſté n'entend rien changer; mais Elle ordonne néanmoins que ces ſurnuméraires ne ſoient point exclus de monter aux haute-payes, lorſque par ancienneté & capacité dans leur métier ils en ſeront ſuſceptibles.

Ouvriers.

Chacune des cinq compagnies d'Ouvriers, ſervant en campagne ſéparément ou avec leſdits bataillons, portée à ſoixante hommes par ordonnance du 10 août 1745, outre le pain de munition fourni aux Officiers & Soldats, ſera payée ſur le pied de cinq livres huit ſols par jour au Capitaine, trente-deux ſols au premier Lieutenant, vingt-ſept ſols au ſecond Lieutenant, dix-neuf ſols au Sous-lieutenant, ſeize ſols à chacun des quatre Maîtres-ouvriers, pareils ſeize ſols à chacun des quatre Sous-maîtres-ouvriers, à vingt-quatre Ouvriers treize ſols chacun, dix ſols à chacun des douze autres Ouvriers, huit ſols à chacun des quinze Apprentifs & au Tambour; & dix ſols pour chacune des ſix

ſix payes de gratification accordées au Capitaine, ſa compagnie étant de cinquante-huit hommes & au deſſus, juſqu'au complet de ſoixante hommes; cinq deſdites payes à cinquante-ſix & cinquante-ſept, quatre à cinquante-quatre & cinquante-cinq, trois à cinquante-deux & cinquante-trois, deux à cinquante & cinquante-un, une à quarante-huit & quarante-neuf, & rien au deſſous dudit nombre de quarante-huit hommes. .

Apprentifs ſurnuméraires dans la compagnie d'Ouvriers de Guille.

Il ſera payé huit ſols par jour, outre une ration de pain de munition, à chacun des vingt Apprentifs ſurnuméraires, préſent aux revûes des Commiſſaires des guerres, que Sa Majeſté a bien voulu par ſon ordonnance du 15 avril 1747, entretenir au delà du complet de ſoixante hommes dans la compagnie d'Ouvriers de Guille, employée à ſon armée de Provence; ſans tirer à conſéquence pour les autres compagnies de même eſpèce, & qu'à l'occaſion de ces ſurnuméraires le Capitaine puiſſe prétendre aucune augmentation dans les haute-payes, ni dans les payes de gratification de ſa compagnie, à quoi Sa Majeſté n'entend rien changer ; mais Elle ordonne néanmoins que ces ſurnuméraires ne ſoient point exclus de monter aux haute-payes, lorſque par ancienneté & capacité dans leur métier ils en ſeront ſuſceptibles.

Solde conſervée à deux Mineurs.

Sa Majeſté voulant continuer aux nommez Dauphiné & la Baſtide Mineurs, la même ſolde qu'ils avoient anciennement dans les compagnies de Valliere & de de Lorme, juſqu'à ce qu'ils parviennent à d'autres grades équivalens; ſon intention eſt qu'au lieu de douze ſols ſix deniers ci-deſſus ordonnez aux Caporaux des compagnies de Mineurs, & de huit ſols ſix deniers à chacun des vingt-quatre Mineurs, il ſoit payé vingt ſols par jour audit Dauphiné Caporal dans la compagnie de Turmel, & quinze ſols auſſi par jour audit la Baſtide Mineur dans la compagnie de de Lorme.

Royal-Lorraine & Royal-Barrois.

Le régiment Royal-Lorraine, formé par ordonnance du 30 janvier 1744, & réduit à deux bataillons par celle du premier novembre 1745; & le régiment Royal-Barrois, aussi de deux bataillons, formé par ladite ordonnance du premier novembre, chaque bataillon composé de neuf compagnies, dont une de Grenadiers de cinquante hommes, & huit de Fusiliers de soixante-quinze hommes chacune, sera payé sur le pied par jour, sçavoir:

Compagnies de Grenadiers.

Chaque compagnie de Grenadiers, de sept livres au Capitaine, quatre livres au Capitaine en second, quarante sols au Lieutenant en premier, trente-cinq sols au Lieutenant en second, douze sols à chacun des trois Sergens, huit sols six deniers à chacun des trois Caporaux, sept sols six deniers à chacun des trois Anspessades, & six sols six deniers à chacun des quarante Grenadiers & au Tambour.

Compagnies de Fusiliers.

Chaque compagnie de Fusiliers sera payée sur le pied par jour, de six livres au Capitaine, trois livres dix sols au Capitaine en second, trente-cinq sols au Lieutenant en premier, trente sols au Lieutenant en second, onze sols à chacun des quatre Sergens, sept sols six deniers à chacun des six Caporaux, six sols six deniers à chacun des six Anspessades, & cinq sols six deniers à chacun des cinquante-sept Fusiliers & deux Tambours.

Enseignes.

Il sera payé aussi par jour trente sols à chacun des trois Enseignes qui sont dans les trois premières compagnies de Fusiliers de chaque bataillon.

Etat-major des régimens Royal-Lorraine & Royal-Barrois avec Prévôté.

L'Etat-major de chacun de ces deux régimens sera composé & payé, sçavoir, six livres par jour au Colonel, quatre livres au Lieutenant-colonel, quarante sols au Commandant du second bataillon, outre les appointemens qu'ils touchent en qualité de Capitaine; six livres au Major, trois livres dix sols à chacun des deux Aide-majors, vingt sols au Maréchal-des-logis, dix sols à l'Aumônier, pareille somme au Chirurgien, vingt-six sols huit deniers au Prévôt, treize sols quatre deniers à son Lieutenant, huit sols quatre deniers au Greffier, & cinq sols à chacun des cinq Archers & à l'Exécuteur.

Masse des régimens Royal-Lorraine & Royal-Barrois.

Outre la solde ci-dessus, il sera fait un fonds pour la Masse sur le pied complet, à raison de vingt deniers par jour pour chaque Sergent, & de dix deniers pour chaque

Caporal, Anspessade, Grenadier, Fusilier & Tambour.

Ordonne Sa Majesté que quoique ces régimens doivent être à la paye de garnison toute l'année, ils aient la faculté en campagne, de prendre le pain de munition, aux retenues ordinaires sur la solde.

WALONS.

Les régimens Royal-Walon & de Boufflers-Walon, levez par ordonnances particulières du premier juillet 1744, composez chacun de deux bataillons, chaque bataillon de treize compagnies, dont une de Grenadiers de quarante-cinq hommes, & douze de Fusiliers de cinquante-cinq hommes chacune, sera payé, sçavoir,

Compagnies de Grenadiers.

La compagnie de Grenadiers, outre le pain, sur le pied par jour de dix sols au Capitaine, huit sols au Lieutenant, six sols au Sous-lieutenant, six sols à chacun des deux Sergens, trois sols neuf deniers à chacun des trois Caporaux, trois sols six deniers à chacun des trois Anspessades, trois sols à chacun des trente-six Grenadiers & un Tambour; & deux sols pour chacune des trois payes de gratification que le Capitaine recevra, sa compagnie étant à quarante-quatre & quarante-cinq hommes, deux desdites payes la compagnie étant à quarante-un, quarante-deux & quarante-trois, une seulement lorsqu'elle ne sera qu'à quarante, & rien au dessous dudit nombre.

Compagnies de Fusiliers.

Chacune des douze compagnies de Fusiliers par bataillon, outre le pain, sur le pied par jour de huit sols au Capitaine, six sols au Lieutenant, quatre sols au Sous-lieutenant, cinq sols à chacun des trois Sergens, trois sols trois deniers à chacun des trois Caporaux, trois sols à chacun des cinq Anspessades, deux sols six deniers à chacun des quarante-trois Fusiliers & un Tambour: le Capitaine, outre l'appointement ci-dessus, recevra six payes de gratification, de cinq sols chacune, lorsque sa compagnie se trouvera de cinquante-quatre & cinquante-cinq hommes, quatre desdites payes lorsqu'elle sera de cinquante-un, cinquante-deux & cinquante-trois, trois lorsqu'elle sera de quarante-huit, quarante-neuf & cinquante, & deux seulement lorsqu'elle sera de quarante-cinq, quarante-six & quarante-ſept, n'en pouvant prétendre aucune ſa compagnie étant au deſſous dudit nombre de quarante-cinq hommes.

Soldats Charpentiers.

Le Soldat Charpentier entretenu dans chacune des ſix premières compagnies de Fuſiliers de chaque bataillon, recevra ſix deniers par jour d'augmentation de ſolde.

Enſeignes.

L'Enſeigne qui eſt en chacune des compagnies Colonelle & Lieutenante-colonelle, au lieu d'un Sous-lieutenant, ſera payé ſur le pied de cinq ſols par jour.

E'tat-major.

Les Officiers de l'E'tat-major de chacun deſdits deux régimens, ſeront payez ſur le pied de huit ſols par jour au Colonel, ſix ſols au Lieutenant-colonel, outre leurs appointemens de Capitaine, huit ſols au Major, ſix ſols à l'Aide-major, quatre ſols au Maréchal-des-logis, & deux ſols ſix deniers à chacun des Aumônier & Chirurgien.

Commandans & Aide-majors des ſeconds bataillons.

Le Commandant du ſecond bataillon de chacun deſdits régimens, ſera payé ſur le pied par jour de ſix ſols, outre ſes appointemens de Capitaine, & pareils ſix ſols auſſi par jour à l'Aide-major qui eſt en chacun deſdits bataillons.

BATAILLON de FUSILIERS de MONTAGNE.

Les douze compagnies de ſoixante hommes chacune du bataillon de Fuſiliers de Montagne, qui a été formé de ce qui reſtoit des deux bataillons ci-devant ſur pied, en conſéquence de l'ordonnance du 20 avril 1747, ſeront payées ſur le pied par jour de trois livres au Capitaine, à tel nombre que ſe trouve ſa compagnie aux revûes des Commiſſaires des guerres, trente ſols au Lieutenant, quinze ſols à chacun des quatre Brigadiers, onze ſols à chacun des quatre Sous-brigadiers, & neuf ſols à chacun des cinquante-un Fuſiliers & au Tambour. Le Capitaine recevra de plus ſept ſols pour chacune des trois payes de gratification que Sa Majeſté lui accorde par jour, lorſque ſa compagnie ſe trouvera compoſée de cinquante-neuf & de ſoixante hommes, & deux deſdites payes ſeulement lorſqu'elle ne ſera que de cinquante-quatre juſqu'à cinquante-huit hommes, n'en pouvant prétendre aucune ſa compagnie étant au deſſous dudit nombre de cinquante-quatre hommes.

Capitaine réformé & Lieute-

Il ſera attaché à la compagnie Commandante dudit bataillon,

bataillon, un Capitaine réformé, aux appointemens de cinquante sols par jour, dont il jouira jusqu'à son remplacement à la première compagnie vacante; & le Lieutenant en second affecté à cette compagnie, recevra vingt-cinq sols par jour.

nant en second, attachez à la compagnie Commandante.

Etat-major.

Les Officiers de l'Etat-major dudit bataillon, seront payez sur le pied par jour de quarante sols au Commandant, outre ses appointemens de Capitaine, cinq livres au Major, cinquante sols à l'Aide-major, trente sols à l'Aumônier, & vingt-cinq sols au Chirurgien.

COMPAGNIE D'ARQUEBUSIERS D'AYGOIN.

La compagnie d'Arquebusiers d'Aygoin, levée en Roussillon par ordonnance du 10 février 1739, & portée à cent hommes par celle du 20 mars 1747, sera payée sur le pied par jour de six livres au Capitaine en pied, trois livres au Capitaine en second, trente sols à chacun des premier & second Lieutenans, quinze sols à chacun des quatre Brigadiers, onze sols à chacun des quatre Sous-brigadiers, & neuf sols à chacun des quatre-vingt-dix Arquebusiers & deux Tambours..

Retenue pour l'habillement du bataillon de Fusiliers de Montagne, & de la compagnie d'Aygoin.

Il sera retenu pour l'habillement, équipement & armement du bataillon de Fusiliers de Montagne, & de la compagnie d'Arquebusiers, quatre sols par jour sur la solde de chaque Brigadier, trois sols sur celle du Sous-brigadier, & deux sols sur celle de chaque Fusilier, Arquebusier ou Tambour: mais comme cette retenue ne peut avoir lieu sur la solde, que pour le nombre d'hommes dont les compagnies se trouveront composées aux revûes des Commissaires des guerres, ce qui opéreroit un vuide au Capitaine dans les fonds destinez aux réparations de sa troupe, & Sa Majesté voulant y suppléer, Elle veut bien prendre sur son compte les deux sols affectez à l'habillement, équipement & armement de chacun des Fusiliers ou Arquebusiers qui manqueront aux revûes de chaque mois, afin que cela compose une somme toûjours égale, sans avoir égard aux hommes qui pourroient manquer dans les compagnies; laquelle somme demeurera entre les mains du Trésorier, qui en donnera sa reconnoissance à la fin de chaque mois, au Major ou Officier chargé du détail dudit bataillon ou compagnie, pour être payée aux fournisseurs par le Trésorier général de l'Extraordinaire des guerres à Paris, sur la main-levée de l'Inspecteur.

Au moyen de ce nouvel arrangement, qui aura lieu à commencer du premier du mois de mai prochain, Sa Majesté entend que les Capitaines soient chargez de l'entretien général de leur troupe, & qu'il en soit usé pour cette retenue jusqu'au dernier avril 1747, comme par le passé.

RÉGIMENS de GRENADIERS ROYAUX, tirez des bataillons de Milice.

Les sept régimens de Grenadiers-royaux tirez des bataillons de Milice, pour servir pendant la campagne 1747, composez chacun de douze compagnies de cent dix hommes, seront payez, sçavoir,

Compagnies.

Chaque compagnie formant deux troupes de Grenadiers & Grenadiers-postiches, à raison par jour, pour celle de Grenadiers, composée de cinquante hommes, de quatre livres au Capitaine, trente-deux sols au premier Lieutenant, vingt sols au second Lieutenant, six sols à chacun des deux Sergens, trois sols neuf deniers à chacun des trois Caporaux, trois sols six deniers à chacun des trois Anspessades, trois sols à chacun des quarante-un Grenadiers, & cinq sols au Tambour, qui à ce moyen entretiendra sa caisse de peaux & de cordages, & se fournira de baguettes.

Et pour celle de Grenadiers-postiches, composée de soixante hommes, de trois livres dix sols au Capitaine, vingt-cinq sols au Lieutenant, cinq sols à chacun des trois Sergens, trois sols trois deniers à chacun des trois Caporaux, trois sols à chacun des trois Anspessades, deux sols six deniers à chacun des cinquante Grenadiers-postiches, & quatre sols au Tambour, qui à ce moyen entretiendra sa caisse de peaux & de cordages, & se fournira de baguettes.

Pain de munition & viande aux Sergens & Soldats.

Les Sergens, Caporaux, Anspessades, Grenadiers, Grenadiers-postiches & Tambours, auront du pain de munition & de la viande, outre la solde ci-dessus; au moyen de laquelle ils seront tenus de s'entretenir de linge & de chaussure.

Il sera payé vingt sols par jour au second Lieutenant entretenu aux Grenadiers-postiches des trois premières compagnies de chacun desdits régimens, pour porter le drapeau.

Second Lieutenant.

Les Colonels & Lieutenans-colonels, mis à la tête de chacun des sept régimens ci-dessus, pour en avoir le commandement sans être attachez à aucune compagnie, recevront par jour, sçavoir, le Colonel douze livres, & le Lieutenant-colonel dix livres, tant pour leurs appointemens en leurdite qualité, que pour leur tenir lieu de ceux de Capitaine.

E'tat-major.

A l'égard du Major & des deux Aide-majors entretenus en chacun desdits régimens, ils seront payez, sçavoir, le Major à raison de six livres par jour, & chacun des deux Aide-majors sur le pied de trois livres.

Les Officiers desdits régimens auront la liberté de prendre le pain de munition suivant leur grade, proportionnément aux quantités réglées aux Officiers de l'Infanterie françoise, à la retenue de deux sols par ration sur les appointemens ci-dessus réglez.

Pain de munition aux Officiers des régimens de Grenadiers-royaux.

Chacun des bataillons de Milice que Sa Majesté jugera à propos de faire servir en campagne, composé de dix compagnies, sera payé sur le pied par jour, sçavoir,

BATAILLONS DE MILICE.

La compagnie de Grenadiers, de cinquante hommes, à raison de quatre livres au Capitaine, trente-deux sols au premier Lieutenant, vingt sols au second Lieutenant, six sols à chacun des deux Sergens, trois sols neuf deniers à chacun des trois Caporaux, trois sols six deniers à chacun des trois Anspessades, trois sols à chacun des quarante-un Grenadiers, & cinq sols au Tambour, qui à ce moyen entretiendra sa caisse de peaux & de cordages, & se fournira de baguettes.

Compagnie de Grenadiers,

Celle de Grenadiers-postiches, de soixante hommes, à raison de trois livres dix sols au Capitaine, vingt-cinq sols au Lieutenant, cinq sols à chacun des trois Sergens, trois sols trois deniers à chacun des trois Caporaux, trois sols à chacun des trois Anspessades, deux sols six deniers à chacun des cinquante Grenadiers-postiches, & quatre

Compagnie de Grenadiers-postiches.

ſols au Tambour, qui à ce moyen entretiendra ſa caiſſe de peaux & de cordages, & ſe fournira de baguettes.

Compagnies de Fuſiliers.

Et chacune des huit compagnies de Fuſiliers, de ſoixante-treize hommes, à raiſon de trois livres cinq ſols au Capitaine, vingt ſols au Lieutenant, cinq ſols à chacun des trois Sergens, trois ſols trois deniers à chacun des quatre Caporaux, trois ſols à chacun des quatre Anſpeſſades, deux ſols ſix deniers à chacun des ſoixante-un Fuſiliers, & quatre ſols au Tambour, qui à ce moyen entretiendra ſa caiſſe de peaux & de cordages, & ſe fournira de baguettes.

Pain de munition & viande aux Sergens & Soldats.

Les Sergens, Caporaux, Anſpeſſades, Grenadiers, Fuſiliers & Tambours, auront du pain de munition & de la viande, outre la ſolde ci-deſſus; au moyen de laquelle ils ſeront obligez de s'entretenir de linge & de chauſſure.

E'tat-major.

L'E'tat-major deſdits bataillons ſera payé ſur le pied par jour de trente ſols au Lieutenant-colonel, & où il n'y en aura pas, au Capitaine-commandant de chaque bataillon, outre ſes appointemens de Capitaine, & cinquante ſols à l'Aide-major; & lorſque ce dernier ſe trouvera avoir la commiſſion de Capitaine, ſes appointemens lui ſeront payez ſur le pied de trois livres par jour.

Capitaines en ſecond.

Veut Sa Majeſté que les Capitaines en ſecond qui ſe trouveront à la ſuite des premières compagnies de Fuſiliers de chaque bataillon, où ils ont été entretenus en conſéquence de l'ordonnance du 15 ſeptembre 1744, reçoivent trois livres par jour, juſqu'à ce qu'il y ait des compagnies vacantes dont ils puiſſent prendre le commandement.

Pain de munition aux Officiers des bataillons de Milice.

Les Officiers deſdits bataillons auront la liberté de prendre le pain de munition ſuivant leur grade, proportionnément aux quantités réglées aux Officiers de l'Infanterie françoiſe, à la retenue de deux ſols par ration ſur leurs appointemens.

RÉGIMENT D'ARQUEBUSIERS de GRASSIN.

Le régiment d'Arquebuſiers de Graſſin, levé par ordonnance du premier janvier 1744, & augmenté par celles des 25 decembre ſuivant & 20 mai 1745, juſqu'à quinze cens hommes, dont mille à pied & cinq cens à cheval, ſera payé, ſçavoir,

Chacune

Chaçune des deux compagnies de Grenadiers, composée de cinquante hommes, sur le pied par jour de six livres au Capitaine en pied, cinquante sols au Capitaine en second, quarante sols au premier Lieutenant, vingt-cinq sols au Lieutenant en second, douze sols à chacun des deux Sergens, huit sols six deniers à chacun des trois Caporaux, sept sols six deniers à chacun des trois Anspessades, & six sols six deniers à chacun des quarante-un Grenadiers & un Tambour: le Capitaine touchera de plus quatre payes de gratification, de six sols six deniers chacune, sa compagnie étant de quarante-huit jusqu'au complet de cinquante, trois desdites payes à quarante-six & quarante-sept, deux à quarante-quatre & quarante-cinq, une seulement à quarante-deux & quarante-trois, & rien au dessous dudit nombre de quarante-deux.

Compagnies de Grenadiers.

Chacune des neuf compagnies de Fusiliers, sur le pied par jour de cinq livres au Capitaine en pied, cinquante sols au Capitaine en second, trente sols au premier Lieutenant, vingt sols au Lieutenant en second, seize sols huit deniers au Lieutenant réformé, onze sols à chacun des quatre Sergens, dix sols au Fourrier & à chacun des deux Cadets, neuf sols au Capitaine d'armes, sept sols six deniers à chacun des quatre Caporaux, six sols six deniers à chacun des quatre Anspessades, & cinq sols six deniers à chacun des quatre-vingt-deux Arquebusiers & deux Tambours. Il sera de plus accordé au Capitaine huit payes de gratification, de cinq sols six deniers chacune, sa compagnie étant au nombre de cent hommes, sept de quatre-vingt-quinze à quatre-vingt-dix-neuf, six de quatre-vingt-dix à quatre-vingt-quatorze, cinq de quatre-vingt-cinq à quatre-vingt-neuf, & quatre seulement de quatre-vingt à quatre-vingt-quatre; le Capitaine n'en devant prétendre aucune, sa compagnie étant au dessous dudit nombre de quatre-vingt.

Compagnies de Fusiliers de cent hommes.

Les cinq cens hommes à cheval, formant huit compagnies, la Colonelle & Lieutenante-colonelle de cent hommes, & les six autres de cinquante hommes, seront payez, sçavoir,

Compagnies à cheval.

Colonelle & Lieutenante-colonelle. Chacune des deux premières compagnies sur le pied par jour de huit livres au Capitaine en premier, quatre livres au premier Capitaine en second, trois livres dix sols à l'autre Capitaine en second, trois livres au premier Lieutenant, cinquante sols au Lieutenant en second, quarante-cinq sols au Cornette, vingt-six sols huit deniers à chacun des deux Maréchaux-des-logis, quatorze sols à chacun des quatre Cadets, neuf sols à chacun des six Brigadiers, & sept sols à chacun des quatre-vingt-huit Arquebusiers & deux Trompettes ou Tambours.

Autres compagnies. Chacune des six autres compagnies, sur le pied par jour de six livres au Capitaine, trois livres au Lieutenant, quarante-cinq sols au Cornette, vingt-six sols huit deniers au Maréchal-des-logis, quatorze sols à chacun des deux Cadets, neuf sols à chacun des trois Brigadiers, & sept sols à chacun des quarante-quatre Arquebusiers & au Trompette ou Tambour.

Etat-major. Quant à l'Etat-major dudit régiment, il sera payé au Colonel trois livres six sols huit deniers par jour, quarante sols au Lieutenant-colonel, outre ce qu'ils doivent recevoir comme Capitaine, six livres au Major, trois livres à chacun des deux Aide-majors d'Infanterie, & à celui de Cavalerie, trente sols à l'Aumônier, & vingt sols au Chirurgien.

Officiers réformez du régiment de Graffin. Le sieur Malval entretenu à la suite dudit régiment, en qualité de Capitaine réformé de Cavalerie, par ordre du premier juin 1745, y sera payé du jour qu'il a commencé à passer présent aux revûes, sur le pied de quarante-cinq sols par jour.

Sa Majesté ayant réglé par son ordonnance particulière du 30 janvier 1744, pour l'incorporation dans le régiment de Graffin des Compagnies-franches d'Infanterie de du Limont & Vandal, que les Officiers de ces compagnies serviroient en leur même qualité dans ledit régiment, Elle ordonne en conséquence, que ceux ci-après dénommez y soient payez de leurs appointemens, à commencer du jour qu'ils ont été employez présens sur les revûes dudit régiment, sçavoir, le sieur de Kaisair

Capitaine réformé venant de la compagnie de du Limont, ſur le pied de trente ſols par jour ; & les ſieurs de Corenhuiſe, de Kaiſair Lieutenans reformez venant de ladite compagnie de du Limont, & de Vandal auſſi Lieutenant réformé venant de la compagnie de Vandal, ſur le pied chacun de ſeize ſols huit deniers par jour.

Volontaires Royaux.

Le corps des Volontaires-royaux, formé des compagnies franches en conſéquence de l'ordonnance du 15 août 1745, & réduit par celle particulière du 18 novembre 1746, à deux mille trois cens trente hommes, dont quatorze cens trente d'Infanterie, & neuf cens Dragons, ſera payé, ſçavoir,

Compagnie de Fuſiliers-Guides.

La compagnie de Fuſiliers-guides, compoſée de cinquante hommes, ſur le pied par jour de quatre livres au Capitaine, vingt-ſept ſols huit deniers au Lieutenant en pied, ſeize ſols huit deniers au Lieutenant réformé, treize ſols à chacun des deux Sergens, dix ſols ſix deniers à chacun des trois Caporaux, huit ſols ſix deniers à chacun des trois Anſpeſſades, & ſix ſols ſix deniers à chacun des quarante-un Fuſiliers-guides, & un Tambour : Le Capitaine recevra en outre trois payes de gratification, de ſix ſols ſix deniers chacune, ſa compagnie étant compoſée de quarante-neuf ou cinquante hommes ; deux lorſqu'elle ſera de quarante-ſix, quarante-ſept & quarante-huit ; une ſeulement à quarante-cinq, & rien au deſſous dudit nombre.

Compagnie de Charpentiers & Bateliers, & entretien d'un Charretier.

La compagnie de Charpentiers & Bateliers, de ſoixante hommes, à raiſon par jour de quatre livres au Capitaine, trente ſols au Lieutenant, ſeize ſols à chacun des deux Sergens, quatorze ſols à chacun des deux Caporaux, & douze ſols à chacun des vingt-huit Charpentiers & vingt-huit Bateliers. Il ſera de plus entretenu en ladite compagnie, un Charretier, auquel il ſera payé vingt ſols par jour, pour conduire une charrette attelée de trois chevaux, qui ſervira à porter les principaux attirails propres aux conſtructions qu'il y aura à faire.

L'intention de Sa Majeſté eſt que le remplacement & l'entretien des trois chevaux de la charrette, ſoient à la charge du Capitaine de ladite compagnie.

Chacune des deux brigades, composée de onze cens dix hommes, dont six cens soixante d'Infanterie, & quatre cens cinquante Dragons en sept compagnies, une de Grenadiers de soixante hommes, & les six autres de cent soixante-quinze hommes chacune, sçavoir, cent Fusiliers & soixante-quinze Dragons, sera payée sur le pied par jour,

Compagnie de Grenadiers.

La compagnie de Grenadiers, de six livres au Capitaine, cinquante sols au premier Lieutenant, quarante sols au Lieutenant en second, trente sols au Sous-lieutenant, quinze sols au Chirurgien, douze sols à chacun des trois Sergens, dix sols à chacun des trois Caporaux, huit sols six deniers à chacun des trois Anspessades, huit sols au Tambour, & six sols six deniers à chacun des quarante-neuf Grenadiers.

Le Capitaine de ladite compagnie payera vingt-cinq livres pour chaque homme qu'il tirera du corps, habillé, mais sans armes.

Compagnies de cent soixante-quinze hommes.

Chacune des six compagnies de cent soixante-quinze hommes, commandée par un Capitaine en pied, qui recevra dix livres par jour, sera payée, sçavoir:

Fusiliers.

Les Fusiliers, de cinquante sols aussi par jour au premier Capitaine en second, quarante sols au second Capitaine en second, trente-cinq sols au premier Lieutenant, trente sols au Lieutenant en second, vingt-cinq sols au premier Sous-lieutenant, vingt sols au second Sous-lieutenant, douze sols au Chirurgien, dix sols au Fourrier, onze sols à chacun des six Sergens, neuf sols six deniers à chacun des neuf Caporaux, sept sols six deniers à chacun des neuf Anspessades, six sols six deniers à chacun des deux Tambours, & cinq sols six deniers à chacun des soixante-douze Fusiliers.

Dragons.

Et les Dragons, de trois livres au Capitaine en second, cinquante sols au premier Lieutenant, quarante sols au Lieutenant en second, trente-cinq sols au Sous-lieutenant, trente sols à chacun des deux Maréchaux-des-logis, quinze sols au Chirurgien, neuf sols six deniers à chacun des six Brigadiers,

Brigadiers, huit sols aux deux Tambours, & sept sols à chacun des soixante-six Dragons.

Le Capitaine en pied recevra, outre ses appointemens, quatre cens livres par an pour les payes de gratification de sa compagnie d'Infanterie, dont moitié lui sera payée lorsqu'elle sera à quatre-vingt-deux hommes en entrant en garnison, & le surplus si elle est complète au premier avril suivant.

Payes de gratification de chaque compagnie de cent soixante-quinze hommes.

L'Etat-major de ce corps recevra, sçavoir, le Colonel commandant établi par ordonnance du 20 janvier 1747, cent soixante-six livres treize sols quatre deniers par mois, à commencer du premier dudit mois de janvier, outre ce qu'il doit recevoir comme Capitaine d'une compagnie de cent soixante-quinze hommes; six livres au Major, trois livres à chacun des deux Aide-majors d'Infanterie, quatre livres à chacun des deux Aide-majors de Dragons, trente sols à l'Aumonier, pareils trente sols au Chirurgien, & vingt sols au Prévôt.

Etat-major & entretien de deux charretiers.

Il sera de plus entretenu deux Charretiers à vingt sols chacun par jour, à la suite dudit corps, pour conduire deux caissons de cartouches & de petards, attelez chacun de deux chevaux.

L'intention de Sa Majesté est que le remplacement de ces quatre chevaux soit à la charge des Officiers du corps, ainsi que l'entretien des caissons & harnois.

Les Officiers des compagnies franches pour lesquels il ne se sera pas trouvé suffisamment d'emplois dans ledit corps, y seront entretenus à la suite, avec les appointemens ordinaires d'Officiers réformez de compagnies franches, suivant leur grade, jusqu'à leur remplacement aux premières places vacantes.

Officiers réformez.

Sa Majesté ayant reconnu que la Masse ne seroit pas suffisante pour l'habillement de ce corps, & voulant bien le favoriser par des considérations particulières, Elle ordonne (sans tirer à conséquence pour ses troupes, soit légères ou autres) que la solde des Sergens, Chirurgiens, Fourriers, Caporaux, Anspessades, Guides, Charpentiers,

Complet.

Bateliers, Grenadiers, Fuſiliers, Brigadiers, Dragons & Tambours d'Infanterie & de Dragons, ſoit payée ſur le pied complet, à quelque nombre que les compagnies paſſent dans les revûes des Commiſſaires des guerres, auxquels Sa Majeſté enjoint de les faire avec la dernière exactitude; & il ſera fait une Maſſe du revenant-bon que le complet pourra produire, dont il ne ſera diſpoſé que ſur la main-levée qu'en donnera l'Inſpecteur.

Linge & Chauſſure.

Il ſera retenu à chaque Sergent, Charpentier & Batelier, dix-huit deniers par jour, à chaque Fourrier & Caporal un ſol, à chaque Anſpeſſade, Guide, Grenadier, Fuſilier & Tambour ſix deniers, à chaque Brigadier un ſol, & à chaque Dragon neuf deniers, pour faire une Maſſe qui ſera employée à l'entretien du linge & de la chauſſure; & le décompte leur en ſera fait au premier avril de chaque année, dans le courant de laquelle il ne ſera rien délivré de la retenue, qu'en conſéquence des ordres du Commandant du corps, ce fonds étant uniquement deſtiné à l'entretien des effectifs, ſans que les Capitaines puiſſent en aucun cas y rien prétendre.

COMPAGNIE de CHASSEURS de FISCHER.

La compagnie de Chaſſeurs de Fiſcher, levée par ordonnance du premier novembre 1743, & augmentée par celles des 16 novembre 1744, 30 janvier 1746, & premier janvier 1747, juſqu'au nombre de quatre cens hommes, ſçavoir, deux cens cinquante Chaſſeurs à pied, & cent cinquante Chaſſeurs à cheval, outre quatre cens rations de pain qui ſeront fournies par jour pendant que cette troupe ſervira en campagne, & ſix rations de fourrage par jour au Capitaine commandant, trois à chacun des Capitaines en ſecond, deux à chaque premier Lieutenant, Lieutenant en ſecond ou réformé, & Sous-lieutenant, une à chaque Maréchal des logis, & une à chacun des cent cinquante Chaſſeurs à cheval, lorſqu'ils ne fourrageront pas dans les pays où ils ſeront employez, ſera payée ſur le pied par jour de ſept livres au Capitaine; aux Officiers ſervant à la tête des Chaſſeurs à pied, ſçavoir, cinquante ſols au Capitaine en ſecond, quarante-cinq ſols au ſecond Capitaine en ſecond, quarante sols au Lieutenant, trente-cinq sols aux Lieutenant en second & second Lieutenant en second, trente sols aux Lieutenant réformé & second Lieutenant réformé, & vingt-cinq sols au Sous-lieutenant & au second Sous-lieutenant; aux Officiers servant à la tête des Chasseurs à cheval, sçavoir, quatre livres au Capitaine en second, trois livres dix sols au second Capitaine en second, trois livres au premier Lieutenant, cinquante sols au Lieutenant en second, quarante sols au Lieutenant réformé, trente sols au Sous-lieutenant, & vingt-cinq sols à chacun des trois Maréchaux des logis, vingt sols à chacun des sept Sergens, seize sols à chacun des neuf Caporaux, quatorze sols à chacun des six Anspessades, seize sols à chacun des six Brigadiers à cheval, & dix sols à chacun des deux cens vingt-huit Chasseurs à pied, & à chacun des cent quarante-quatre Chasseurs à cheval, en passant présens aux revûes des Commissaires des guerres.

RÉGIMENT de FUSILIERS de la MORLIERE.

Le Régiment de troupes légères de Fusiliers de la Morliere, levé par ordonnance du 16 octobre 1745, & augmenté par celle du premier décembre 1746, jusqu'à quinze cens hommes, dont mille à pied & cinq cens à cheval, sera payé, sçavoir:

Compagnies de Grenadiers.

Chacune des deux compagnies de Grenadiers, de cinquante hommes, sur le pied par jour de six livres au Capitaine, cinquante sols au Capitaine en second, quarante sols au premier Lieutenant, vingt-cinq sols au Lieutenant en second, douze sols à chacun des deux Sergens, huit sols six deniers à chacun des trois Caporaux, sept sols six deniers à chacun des trois Anspessades, & six sols six deniers à chacun des quarante-un Grenadiers, & un Tambour: Le Capitaine touchera de plus quatre payes de gratification de six sols six deniers chacune, sa compagnie étant de quarante-huit hommes jusqu'au complet de cinquante, trois desdites payes à quarante-six & quarante-sept, deux à quarante-quatre & quarante-cinq, une seulement à quarante-deux & quarante-trois, & rien au dessous dudit nombre de quarante-deux.

Compagnies de Fusiliers.

Chacune des neuf compagnies de Fusiliers de cent

hommes, ſur le pied par jour de cinq livres au Capitaine, cinquante ſols au Capitaine en ſecond, trente ſols au premier Lieutenant, vingt ſols au Lieutenant en ſecond, ſeize ſols huit deniers au Sous-lieutenant, onze ſols à chacun des quatre Sergens, neuf ſols au Capitaine d'armes, ſept ſols ſix deniers à chacun des ſix Caporaux, ſix ſols ſix deniers à chacun des ſix Anſpeſſades, ſept ſols ſix deniers à chacun des quatre Ouvriers, & cinq ſols ſix deniers à chacun des ſoixante-dix-ſept Fuſiliers, & deux Tambours. Il ſera de plus accordé au Capitaine, huit payes de gratification, de cinq ſols ſix deniers chacune, ſa compagnie étant au nombre de cent hommes, ſept de quatre-vingt-quinze à quatre-vingt-dix-neuf, ſix de quatre-vingt-dix à quatre-vingt-quatorze, cinq de quatre-vingt-cinq à quatre-vingt-neuf, & quatre ſeulement de quatre-vingt à quatre-vingt-quatre, le Capitaine n'en devant prétendre aucune ſa compagnie étant au deſſous dudit nombre de quatre-vingt.

Compagnies de Dragons.

Chacune des dix compagnies de Dragons de cinquante hommes, ſur le pied par jour de ſix livres au Capitaine, trois livres au Lieutenant, quarante-cinq ſols au Cornette, vingt-ſix ſols huit deniers au Maréchal-des-logis, neuf ſols à chacun des trois Brigadiers, & ſept ſols à chacun des quarante-ſix Dragons & au Tambour.

E'tat-major dudit regiment.

L'E'tat-major dudit régiment ſera payé ſur le pied par jour de vingt-quatre livres au Colonel, & quinze livres au Lieutenant-colonel, tant pour leurs appointemens en ladite qualité, que pour leur tenir lieu de ceux de Capitaine, ne devant être attachez à aucune compagnie; ſix livres au Major, trois livres à chacun des deux Aide-majors, trente ſols à l'Aumonier, & pareils trente ſols au Chirurgien.

RÉGIMENT de CANTABRES-VOLONTAIRES.

Le régiment de Cantabres Volontaires, levé par ordonnance du 15 décembre 1745, composé de dix compagnies de cinquante Fuſiliers chacune, ſera payé, ſçavoir:

Compagnies.

Chaque compagnie ſur le pied par jour de quatre livres au Capitaine, trente ſols au premier Lieutenant, vingt ſols

ſols au Lieutenant en ſecond, onze ſols à chacun des deux Sergens, dix ſols au Fourrier, ſept ſols ſix deniers à chacun des trois Caporaux, ſix ſols ſix deniers à chacun des trois Anſpeſſades, & cinq ſols ſix deniers à chacun des quarante Fuſiliers & au Tambour. Le Capitaine touchera de plus quatre payes de gratification de cinq ſols ſix deniers chacune, ſa compagnie étant de quarante-huit hommes juſqu'au complet de cinquante hommes, trois deſdites payes à quarante-ſix & quarante-ſept, deux à quarante-quatre & quarante-cinq, une ſeulement à quarante-deux & quarante-trois, & rien au-deſſous dudit nombre de quarante-deux.

Etat-major dudit régiment.

L'Etat-major dudit régiment ſera compoſé & payé, ſçavoir, au Colonel trois livres ſix ſols huit deniers par jour, quarante ſols au Lieutenant-colonel, outre ce qu'ils reçoivent comme Capitaine, cinq livres au Major, trois livres à l'Aide-major, trente ſols à l'Aumônier, & vingt ſols au Chirurgien, & douze ſols à chacun des quatre Tambourins entretenus à la ſuite dudit régiment.

Volontaires de Gantés.

Le corps des Volontaires de Gantés, créé par ordonnance du 30 janvier 1746, & auquel il a été fait quelque changement par celle du 22 avril 1747, compoſé de cinq cens hommes, dont trois cens d'Infanterie & deux cens à cheval, ſera payé ſur le pied par jour, ſçavoir:

Compagnies d'Infanterie.

Chacune des quatre compagnies d'Infanterie, compoſée de ſoixante-quinze hommes, à raiſon de quatre livres au Capitaine, trente ſols au premier Lieutenant, vingt ſols au Lieutenant en ſecond, onze ſols à chacun des trois Sergens, ſept ſols ſix deniers à chacun des ſix Caporaux, ſix ſols ſix deniers à chacun des ſix Anſpeſſades, ſept ſols ſix deniers à chacun des trois Charpentiers, & cinq ſols ſix deniers à chacun des cinquante-ſix Fuſiliers & au Tambour. Les Capitaines toucheront de plus ſix payes de gratification de cinq ſols ſix deniers chacune, leur compagnie étant complète au nombre de ſoixante-quinze hommes, cinq deſdites payes de ſoixante-douze à ſoixante-quatorze, quatre de ſoixante-neuf à ſoixante-onze, trois de ſoixante-ſix à soixante-huit, deux de soixante-trois à soixante-cinq, & une seulement de soixante à soixante-deux; le Capitaine n'en devant prétendre aucune, sa compagnie étant au dessous dudit nombre de soixante hommes.

Compagnies de Hussards.

Chacune des deux compagnies de Hussards, composée de soixante-quinze hommes, à raison de six livres au Capitaine en premier, quatre livres au Capitaine en second, trois livres au Lieutenant en premier, deux livres au Lieutenant en second, vingt-six sols huit deniers aux deux Maréchaux-des-logis, neuf sols aux trois Brigadiers, & sept sols à chacun des soixante-onze Hussards & au Trompette.

Compagnie de Dragons.

La compagnie de Dragons composée de cinquante hommes, à raison de quatre livres dix sols au Capitaine, deux livres au Lieutenant en premier, une livre dix sols au Lieutenant en second, une livre au Maréchal-des-logis, sept sols six deniers à chacun des trois Brigadiers, & six sols six deniers à chacun des quarante-six Dragons & un Tambour.

Etat-major dudit régiment.

L'Etat-major sera payé sur le pied par jour, sçavoir, de quinze livres au Commandant, à commencer du premier mai 1747, au lieu des huit livres qui lui avoient été ci-devant réglées, tant pour ses appointemens en ladite qualité, que pour lui tenir lieu de ceux de Capitaine, n'étant attaché à aucune compagnie de ce corps; trois livres à l'Aide-major d'Infanterie, pareilles trois livres à l'Aide-major de Hussards & de Dragons, & vingt sols au Chirurgien.

COMPAGNIE de FUSILIERS-GUIDES, servant à l'armée de Flandre.

La Compagnie de Fusiliers-guides composée de vingt-cinq hommes, dont douze à cheval, levée par ordonnance du 22 janvier 1746 pour servir à l'armée de Flandre, sera payée sur le pied par jour de quatre livres au Capitaine, vingt-sept sols huit deniers au Lieutenant en pied, vingt sols au Lieutenant réformé, treize sols à chacun des deux Sergens, dont un à cheval, dix sols six deniers à chacun des deux Caporaux, dont un à cheval, huit sols six deniers à l'Anspessade, & six sols six deniers à chacun des vingt Fusiliers-guides, dont dix à cheval: le Capitaine touchera de plus, sa compagnie étant compléte, deux payes de gratification de six sols six deniers chacune.

L'intention de Sa Majesté étant que ladite compagnie soit aux ordres du Maréchal général des logis de son armée de Flandre, sous les yeux duquel se fera le service dont elle sera chargée; Elle ordonne que les Commissaires des guerres qui en feront la revûe, passent présens les hommes de ladite compagnie qui se trouveront détachez, sur le certificat qui en sera fourni par ledit Maréchal général des logis.

COMPAGNIE d'INFANTERIE de CROATES.

La compagnie d'infanterie de Croates, levée par ordonnance particulière du 5 mai 1746, & composée de deux cens quarante hommes, sera payée sur le pied par jour de dix livres au Capitaine commandant, quatre livres à chacun des quatre Capitaines en second, cinquante sols à chacun des quatre Lieutenans, trente-cinq sols à chacun des quatre Lieutenans en second, douze sols à chacun des douze Sergens, neuf sols six deniers à chacun des douze Caporaux, huit sols six deniers à chacun des dix-huit Anspessades, sept sols six deniers à chacun des douze Ouvriers & des quatre Tambours, huit sols à chacun des six Guides ou Interprètes, cinq sols six deniers à chacun des cent soixante-seize Soldats Croates, & vingt sols au Chirurgien. Le Capitaine commandant touchera de plus six cens livres par an, pour lui tenir lieu des payes de gratification de sa compagnie, dont moitié lui sera payée lorsqu'elle sera à cent soixante hommes en entrant en garnison, & le surplus si elle est compléte au premier avril suivant.

RÉGIMENT de BRETONS-VOLONTAIRES.

Le régiment de troupes légères de Bretons-volontaires, levé par ordonnance du 30 octobre 1746, & composé de douze cens hommes, dont neuf cens à pied, & trois cens à cheval, sera payé, sçavoir,

Compagnies de Grenadiers.

Chacune des deux compagnies de Grenadiers de cinquante hommes, sur le pied par jour de six livres au Capitaine, cinquante sols au Capitaine en second, quarante sols au premier Lieutenant, vingt-cinq sols au Lieutenant en second, douze sols à chacun des deux Sergens, huit ſols ſix deniers à chacun des trois Caporaux, ſept ſols ſix deniers à chacun des trois Anſpeſſades, & ſix ſols ſix deniers à chacun des quarante-un Grenadiers & un Tambour. Le Capitaine touchera de plus quatre payes de gratification de ſix ſols ſix deniers chacune, ſa compagnie étant de quarante-huit hommes juſqu'au complet de cinquante, trois deſdites payes à quarante-ſix & quarante-ſept, deux à quarante-quatre & quarante-cinq, une ſeulement à quarante-deux & quarante-trois, & rien au deſſous dudit nombre de quarante-deux.

Compagnies de Fuſiliers. Chacune des huit compagnies de Fuſiliers, compoſée de cent hommes, ſera payée ſur le pied par jour de cinq livres au Capitaine, cinquante ſols au Capitaine en ſecond, trente ſols au premier Lieutenant, vingt ſols au Lieutenant en ſecond, ſeize ſols huit deniers au Sous-lieutenant, onze ſols à chacun des quatre Sergens, dix ſols à chacun des deux Cadets, neuf ſols au Capitaine d'armes, ſept ſols ſix deniers à chacun des ſix Caporaux & des quatre Ouvriers, ſix ſols ſix deniers à chacun des ſix Anſpeſſades, & cinq ſols ſix deniers à chacun des ſoixante-quinze Fuſiliers & deux Tambours. Il ſera de plus accordé au Capitaine huit payes de gratification de cinq ſols ſix deniers chacune, ſa compagnie étant au complet de cent hommes, ſept de quatre-vingt-quinze à quatre-vingt-dix-neuf, ſix de quatre-vingt-dix à quatre-vingt-quatorze, cinq de quatre-vingt-cinq à quatre-vingt-neuf, & quatre ſeulement de quatre-vingt à quatre-vingt-quatre, le Capitaine n'en devant prétendre aucune ſa compagnie étant au deſſous dudit nombre de quatre-vingt.

Compagnies de Huſſards. Chacune des ſix compagnies de Huſſards de cinquante maîtres, ſera payée ſur le pied par jour de ſix livres au Capitaine, trois livres au Lieutenant, quarante-cinq ſols au Cornette, vingt-ſix ſols huit deniers au Maréchal des logis, neuf ſols à chacun des trois Brigadiers, & ſept ſols à chacun des quarante-ſix Huſſards & un Trompette.

Etat-major. L'Etat-major dudit régiment ſera payé ſur le pied par jour de vingt-quatre livres au Colonel, quinze livres au Lieutenant-

Lieutenant-colonel, tant pour leurs appointemens en ladite qualité, que pour leur tenir lieu de ceux de Capitaine, ne devant être attachez à aucune compagnie; six livres au Major, trois livres à chacun des deux Aide-majors d'infanterie & de cavalerie, trente sols à l'Aumônier, & pareils trente sols au Chirurgien.

COMPAGNIES de CHASSEURS A PIED de BERENGUIER DE SABATTIER, & de COLONNE.

Les deux compagnies de Chasseurs à pied de Berenguier de Sabattier & de Colonne, levées par ordonnances du premier février 1747, seront payées sur le pied par jour, sçavoir, chaque compagnie composée de deux cens hommes, à raison de sept livres au Capitaine en pied, cinquante sols au premier Capitaine en second, quarante-cinq sols au second Capitaine en second, quarante sols à chacun des deux premiers Lieutenans, trente-cinq sols à chacun des deux Lieutenans en second, trente sols à chacun des deux Lieutenans réformez, vingt-cinq sols à chacun des deux Sous-lieutenans, vingt sols à chacun des huit Sergens, seize sols à chacun des douze Caporaux, quatorze sols à chacun des douze Anspessades, & dix sols à chacun des cent soixante-quatre Chasseurs & quatre Tambours.

Pain & Fourrage.

Outre la solde ci-dessus, il sera fourni deux cens rations de pain par jour à chaque compagnie, tant qu'elle servira en campagne; & aux Officiers, six rations de fourrage par jour au Capitaine en pied, trois à chacun des Capitaines en second, & deux à chaque Lieutenant en premier, Lieutenant en second ou réformé, & Sous-lieutenant, lorsqu'ils ne fourrageront pas dans le pays où ils seront employez.

COMPAGNIE de VOLONTAIRES de LANCIZE.

Composition & solde.

La compagnie de Volontaires de Lancize, levée par ordonnance du premier mars 1747, & composée de deux cens hommes, sera payée sur le pied par jour de sept livres au Capitaine commandant, cinquante sols au premier Capitaine en second, quarante-cinq sols au second Capitaine en second, trente sols à chacun des deux premiers Lieutenans, vingt sols à chacun des deux Lieutenans en second & deux Lieutenans réformez, seize sols huit deniers à chacun des deux Sous-lieutenans, onze sols à chacun des huit Sergens, ſept ſols ſix deniers à chacun des douze Caporaux, ſix ſols ſix deniers à chacun des douze Anſpeſſades, & cinq ſols ſix deniers à chacun des cent ſoixante-quatre Fuſiliers & quatre Tambours.

Payes de gratification.

Il ſera de plus accordé au Capitaine commandant ſeize payes de gratification de cinq ſols ſix deniers chacune, ſa compagnie étant au nombre de deux cens hommes, quatorze de cent quatre-vingt-dix à cent quatre-vingt-dix-neuf, douze de cent quatre-vingt à cent quatre-vingt-neuf, dix de cent ſoixante-dix à cent ſoixante-dix-neuf, & huit ſeulement de cent ſoixante à cent ſoixante-neuf, n'en devant prétendre aucune ſa compagnie étant au deſſous dudit nombre de cent ſoixante.

Maſſe de l'Infanterie françoiſe pendant la campagne.

Sa Majeſté ayant fait diminuer ſur le fonds de l'uſtenſile du quartier d'hiver 1746 à 1747, ce qui ſervoit à former pendant les campagnes précédentes la Maſſe de l'Infanterie, ſur le pied de vingt deniers par Sergent, ou Maître-ouvrier qui en tient lieu dans les compagnies d'Ouvriers, & de dix deniers par chacun des Haute-payes, Soldats & Tambours; & voulant y ſuppléer pendant la préſente campagne, ſon intention eſt que du premier mai au dernier octobre 1747, le payement en ſoit fait à Paris ſur le pied complet, par le Tréſorier général de l'Extraordinaire des guerres, dans la forme preſcrite par l'ordonnance du premier décembre 1746, aux troupes dénommées dans la préſente ordonnance, qui ſont dans le cas d'avoir la Maſſe, ſoit que leſdites troupes reçoivent la paye de campagne, ou continuent à recevoir celle de garniſon.

I V.

INFANTERIE SUISSE ET GRISONNE.

SUISSES & GRISONS.

Compagnies.

LES compagnies des régimens Suiſſes & Griſons qui ont été mis à la ſolde de guerre par ordonnances particulières des 10 juillet, 16 octobre 1742, 19 mars & 22 ſeptembre 1743, continueront de la recevoir juſqu'à ce que Sa Majeſté en ordonne autrement, ſur le pied de dix-ſept livres huit ſols par mois pour chaque homme & pour chacune des vingt-ſept payes de gratification que Sa Majeſté accorde au Capitaine, ſa compagnie étant du nombre de cent ſoixante-ſix hommes & au deſſus, juſqu'à cent ſoixante-quinze, les Officiers compris; dix-ſept deſdites payes lorſqu'elle ſera de cent cinquante-cinq juſqu'à cent ſoixante-cinq, ſeize depuis cent quarante-cinq juſqu'à cent cinquante-quatre incluſivement: & s'il arrivoit que la compagnie ſe trouvât au deſſous de cent quarante-cinq hommes, elle ne ſera payée que pour les effectifs, ſans payes de gratification au Capitaine; ſur laquelle ſolde il leur ſera retenu deux ſols pour chacune des rations de pain qui ſeront fournies auxdites compagnies, ſuivant les revûes des Commiſſaires des guerres prépoſez à cet effet.

Etat-major.

L'Etat-major de chacun deſdits régimens Suiſſes & Griſons, continuera à être payé en conſéquence des ordonnances ci-deſſus, à raiſon de dix-neuf cens ſoixante livres huit ſols par mois.

Viande aux Suiſſes & Griſons.

Les troupes Suiſſes & Griſonnes n'étant point dans le cas de la fourniture de la viande, comme les troupes d'Infanterie étrangère, l'intention de Sa Majeſté eſt que ſi elles en reçoivent de l'entrepreneur, la retenue leur en ſoit faite ſur leur ſolde, ſur le pied du marché dudit entrepreneur.

V.

INFANTERIE ETRANGE'RE.

ALLEMANDS. *Six Régimens. Compagnies.*

Les vingt-quatre compagnies qui compoſent les quatre bataillons de chacun des régimens d'Alſace & de Royal-Suédois, au moyen d'un quatrième bataillon mis par augmentation dans ce dernier régiment, en conſéquence de l'ordonnance du 12 novembre 1746, & les dix-huit compagnies des trois bataillons de chacun des régimens d'Infanterie allemande de Saxe, la Marck, Royal-Bavière & Lowendal, de cent dix hommes chacune, & les Etat-majors deſdits régimens, ſeront payez de leur ſolde en campagne ſur le pied de celle qui leur eſt réglée par l'ordonnance du premier décembre 1746; sur laquelle solde il sera déduit à chaque compagnie, deux sols par ration de pain qui leur sera fournie pendant la campagne seulement, sans que les Officiers soient obligez d'en prendre.

Colonels & Lieutenans-colonels réformez.

Les Colonels & Lieutenans-colonels réformez, entretenus à la suite desdits régimens, seront payez sur le pied chacun de cent trente-six livres-dix-sept sols six deniers par mois, à l'exception de ceux auxquels il a été expédié des ordres par lesquels il leur est réglé un traitement particulier, dont ils continueront de jouir.

Capitaines & Lieutenans réformez.

A l'égard des Capitaines & Lieutenans réformez, entretenus à la suite desdits régimens, ils continueront d'être payez en conformité de l'ordonnance du premier mai 1737 & de l'état y joint.

RÉGIMENT d'INFANTERIE ÉTRANGÉRE de BERGH, & ALLEMANDS de FERSEN & NASSAU-SAARBRUCK.

Le régiment d'Infanterie étrangère levé par le Baron de Bergh dans le pays de Bergues & de Juliers, en vertu de l'ordonnance du 12 août 1744, le régiment Allemand de Fersen, levé par ordonnance du premier novembre 1745, d'un bataillon chacun, & le régiment Allemand de Nassau-Saarbruck, de deux bataillons, levé par autre ordonnance dudit jour premier novembre, chaque bataillon de six compagnies de cent dix hommes chacune sans les Officiers, continueront d'être payez de leur solde sur le pied réglé par l'ordonnance du premier décembre 1746.

RÉGIMENT ROYAL-ITALIEN.

Compagnie de Grenadiers.

Le régiment Royal-Italien, composé de quatorze compagnies de cinquante hommes chacune, au moyen de deux compagnies de Fusiliers dont il a été augmenté, sera payé lorsqu'il servira en campagne, sçavoir, la compagnie de Grenadiers sur le pied de trois livres par jour au Capitaine, trente-deux sols au Lieutenant, vingt sols au Sous-lieutenant, huit sols six deniers à chacun des trois Sergens, six sols à chacun des trois Caporaux, cinq sols à chacun des cinq Anspessades & un Tambour, & quatre sols à chacun des trente-huit Grenadiers: le Capitaine aura en outre sept payes de gratification de quatre sols chacune, lorsque sa compagnie sera au complet de cinquante hommes, cinq lorsqu'elle lorſqu'elle ſe trouvera à quarante-cinq, quarante-ſix, quarante-ſept, quarante-huit & quarante-neuf; & trois deſdites payes à quarante-deux, quarante-trois & quarante-quatre hommes, n'en pouvant prétendre aucune ſa compagnie étant au deſſous du nombre de quarante-deux hommes.

Compagnies de Fuſiliers.

Chacune des treize compagnies de Fuſiliers dudit régiment, ſera payée ſur le pied par jour de cinquante ſols au Capitaine, vingt ſols au Lieutenant, quinze ſols à l'Enſeigne, huit ſols à chacun des trois Sergens, cinq ſols dix deniers à chacun des trois Caporaux, quatre ſols ſix deniers à chacun des cinq Anſpeſſades & un Tambour, trois ſols neuf deniers à chacun des dix Appointés, & trois ſols ſix deniers à chacun des vingt-huit Fuſiliers: le Capitaine aura en outre ſept payes de gratification de trois ſols ſix deniers chacune, ſa compagnie étant à quarante-huit, quarante-neuf & cinquante hommes; cinq lorſqu'elle ſera à quarante-cinq, quarante-ſix & quarante-ſept; trois deſdites payes lorſqu'elle ſe trouvera à quarante-deux, quarante-trois & quarante-quatre hommes, n'en pouvant prétendre aucune ſa compagnie étant au deſſous du nombre de quarante-deux hommes.

E'tat-major & Prévôté du régiment Royal-Italien.

L'E'tat-major & Prévôté dudit régiment ſera payé en campagne ſur le pied par jour de huit livres ſix ſols huit deniers au Colonel, quarante ſols au Lieutenant-colonel, outre leurs appointemens de Capitaine, cinq livres au Major, pareilles cinq livres à l'Interprète, trente ſols à l'Aide-major, quinze ſols au Maréchal-des-logis, vingt ſols à l'Aumônier, ſept ſols ſix deniers au Chirurgien, vingt ſols au Prévôt, dix ſols à ſon Lieutenant, ſix ſols trois deniers au Greffier, quatre ſols deux deniers à chacun des cinq Archers & à l'Exécuteur de juſtice, & cinq ſols au Tambour-major.

Officiers réformez du régiment Royal-Italien.

Les Officiers réformez entretenus à la ſuite dudit régiment, ſeront payez ſur le pied par jour de trois livres à chaque Colonel, quarante ſols à chaque Lieutenant-colonel, vingt-cinq ſols à chaque Capitaine, & quinze ſols à chaque Lieutenant.

Régiment Royal-Corse.

Compagnie de Grenadiers.

Le régiment Royal-Corse, composé de douze compagnies de cinquante hommes chacune, sera payé lorsqu'il servira en campagne, sçavoir, la compagnie de Grenadiers sur le pied par jour de trois livres au Capitaine, trente-deux sols au Lieutenant, vingt sols au Sous-lieutenant, huit sols six deniers à chacun des deux Sergens, six sols à chacun des trois Caporaux, cinq sols à chacun des cinq Anspessades & un Tambour, & quatre sols à chacun des trente-neuf Grenadiers: le Capitaine aura en outre cinq payes de gratification, de quatre sols chacune, sa compagnie étant au complet de cinquante hommes; quatre à quarante-cinq, quarante-six, quarante-sept, quarante-huit & quarante-neuf; trois desdites payes à quarante, quarante-un, quarante-deux, quarante-trois & quarante-quatre, & rien au dessous du nombre de quarante hommes.

Compagnies de Fusiliers.

Chacune des onze compagnies de Fusiliers dudit régiment, sera payée sur le pied par jour de cinquante sols au Capitaine, vingt sols au Lieutenant, quinze sols à l'Enseigne, huit sols à chacun des deux Sergens, cinq sols dix deniers à chacun des trois Caporaux, quatre sols six deniers à chacun des cinq Anspessades & un Tambour, trois sols neuf deniers à chacun des dix Appointés, & trois sols six deniers à chacun des vingt-neuf Fusiliers: le Capitaine recevra en outre cinq payes de gratification, de trois sols six deniers chacune, sa compagnie étant à quarante-six, quarante-sept, quarante-huit, quarante-neuf & cinquante hommes; quatre à quarante-cinq; trois desdites payes à quarante, quarante-un, quarante-deux, quarante-trois & quarante-quatre hommes, & rien au dessous du nombre de quarante hommes.

Etat-major du régiment Royal-Corse, sans prevôté.

L'Etat-major dudit régiment servant en campagne, sera payé sur le pied par jour de huit livres six sols huit deniers au Colonel, trente sols au Lieutenant-colonel, outre leurs appointemens de Capitaine, quatre livres au Major, trente sols à l'Aide-major, quinze sols au Maréchal des logis, vingt sols à l'Aumônier, sept sols six deniers au Chirurgien, & cinq sols au Tambour-major.

Les Officiers réformez que Sa Majesté jugera à propos d'entretenir à la suite dudit régiment, seront payez de leurs appointemens sur le pied par jour de trois livres à chaque Colonel, quarante sols à chaque Lieutenant-colonel, vingt-cinq sols à chaque Capitaine, & quinze sols à chaque Lieutenant. *Officiers réformez du régiment Royal-Corse.*

Les régimens Irlandois de Bulkeley, Clare & Dillon, servant en campagne, composez chacun d'un bataillon réduit à treize compagnies en conséquence de l'ordonnance du premier octobre 1744, dont une de Grenadiers de quarante-cinq hommes, & douze de Fusiliers de cinquante hommes chacune, sans les Officiers, seront payez, sçavoir: IRLANDOIS. *BULKELEY, CLARE & DILLON.*

La compagnie de Grenadiers de quarante-cinq hommes, sur le pied par jour de trois livres au Capitaine en pied, cinquante sols au Capitaine réformé, trente-cinq sols au Lieutenant en pied, dix-huit sols au Lieutenant réformé, dix sols à chacun des deux Sergens, sept sols à chacun des trois Caporaux, six sols six deniers à chacun des trois Anspessades, & six sols à chacun des trente-six Grenadiers & au Tambour: Le Capitaine recevra de plus trois payes de gratification de six sols chacune, sa compagnie étant à quarante-cinq & quarante-quatre hommes; deux desdites payes la compagnie étant à quarante-un, quarante-deux & quarante-trois hommes, une seulement lorsqu'elle ne sera qu'à quarante, & rien au dessous dudit nombre de quarante hommes. *Compagnie de Grenadiers.*

Chacune des douze compagnies de Fusiliers, de cinquante hommes chacune, sera payée sur le pied par jour de cinquante sols au Capitaine en pied, pareils cinquante sols au Capitaine réformé, vingt-deux sols six deniers au Lieutenant en pied, dix-huit sols au Lieutenant réformé, neuf sols à chacun des deux Sergens, six sols six deniers à chacun des trois Caporaux, six sols à chacun des trois Anspessades, & cinq sols six deniers à chacun des quarante-un Fusiliers & au Tambour: Le Capitaine recevra de plus quatre payes de gratification de cinq sols six deniers *Compagnies de Fusiliers.*

chacune, sa compagnie étant à quarante-huit, quarante-neuf & cinquante, trois à quarante-six & quarante-sept, deux à quarante-quatre & quarante-cinq, une seulement à quarante-deux & quarante-trois, & rien au dessous du nombre de quarante-deux hommes.

Cadets. Les seize Cadets qui doivent être entretenus dans la compagnie Colonelle de chaque régiment, qui tiendront lieu de pareil nombre de Soldats, seront payez sur le pied de dix sols chacun par jour.

Enseignes. Outre les Officiers ci-dessus, l'Enseigne qui est en chacune des compagnies Colonelle & Lieutenante-colonelle desdits régimens, recevra dix-huit sols par jour.

Etat-major. L'Etat-major de chacun desdits régimens sera payé à raison de six livres treize sols quatre deniers par jour au Colonel, vingt-deux sols six deniers au Lieutenant-colonel, outre leurs appointemens de Capitaine, trois livres six sols huit deniers au Major, cinq livres à l'Interprète, trente sols à l'Aide-major, vingt sols à l'Aumônier, & quinze sols à chacun des Chirurgien & Maréchal des logis.

Officiers réformez à la suite des trois régimens. Les Officiers réformez entretenus à la suite desdits régimens, seront payez sur le pied par jour de trois livres dix sols à chaque Colonel ou Lieutenant-colonel, cinquante sols à chaque Capitaine, & dix-huit sols à chaque Lieutenant.

Roth, Berwick & Lally. Les régimens Irlandois de Roth & Berwick, composez chacun d'un bataillon réduit à treize compagnies en conséquence de l'ordonnance du premier octobre 1744, dont une de Grenadiers de quarante-cinq hommes, & douze de Fusiliers de cinquante hommes chacune, sans les Officiers; & le régiment Irlandois de Lally levé en conséquence de ladite ordonnance, de la même composition que lesdits deux régimens, & entretenu avec pareil traitement, seront payez, sçavoir,

Compagnie de Grenadiers. La compagnie de Grenadiers sur le pied par jour de quarante-sept sols six deniers au Capitaine en pied, trente-sept sols six deniers au Capitaine réformé, vingt-cinq sols six deniers au Lieutenant en pied, seize sols trois deniers au au Lieutenant réformé, dix ſols à chacun des deux Sergens, ſept ſols à chacun des trois Caporaux, ſix ſols ſix deniers à chacun des trois Anſpeſſades, & ſix ſols à chacun des trente-ſix Grenadiers & au Tambour: le Capitaine recevra de plus trois payes de gratification, de ſix ſols chacune, ſa compagnie étant à quarante-cinq & quarante-quatre hommes; deux deſdites payes la compagnie étant à quarante-un, quarante-deux & quarante-trois hommes, une ſeulement lorſqu'elle ne ſera qu'à quarante, & rien au deſſous dudit nombre de quarante hommes.

Compagnies de Fuſiliers.

Chacune des douze compagnies de Fuſiliers ſera payée ſur le pied par jour de trente-ſept ſols ſix deniers au Capitaine en pied, pareils trente-ſept ſols ſix deniers au Capitaine réformé, ſeize ſols trois deniers au Lieutenant en pied, pareils ſeize ſols trois deniers au Lieutenant réformé, neuf ſols à chacun des deux Sergens, ſix ſols ſix deniers à chacun des trois Caporaux, ſix ſols à chacun des trois Anſpeſſades, & cinq ſols ſix deniers à chacun des quarante-un Fuſiliers & au Tambour: le Capitaine recevra de plus quatre payes de gratification de cinq ſols ſix deniers chacune, ſa compagnie étant à quarante-huit, quarante-neuf & cinquante hommes, trois à quarante-ſix & quarante-ſept, deux à quarante-quatre & quarante-cinq, une ſeulement à quarante-deux & quarante-trois, & rien au deſſous dudit nombre de quarante-deux hommes.

Cadets.

Les ſeize Cadets qui doivent être entretenus dans la compagnie Colonelle de chaque régiment, qui tiendront lieu de pareil nombre de Soldats, ſeront payez ſur le pied de dix ſols chacun par jour.

Enſeignes.

Outre les Officiers ci-deſſus, l'Enſeigne qui eſt en chacune des compagnies Colonelle & Lieutenante-colonelle deſdits régimens, ſera payé ſur le pied de douze ſols neuf deniers par jour.

Etat-major & Prévôté.

L'Etat-major de chacun deſdits régimens ſera payé ſur le pied par jour de trois livres quinze ſols au Colonel, ſeize ſols trois deniers au Lieutenant-colonel, outre leurs appointemens de Capitaine; quarante-cinq ſols dix deniers au Major, vingt-trois ſols quatre deniers à l'Aide-major, douze ſols ſix deniers à chacun des Maréchal des logis & Aumônier, dix ſols au Chirurgien, treize ſols quatre deniers au Prevôt, ſix ſols huit deniers à ſon Lieutenant, quatre ſols deux deniers au Greffier, & deux ſols ſix deniers à chacun des cinq Archers & à l'Exécuteur de juſtice.

Officiers réformez à la ſuite de ces trois régimens

Les Officiers réformez entretenus à la ſuite deſdits régimens, ſeront payez comme les Officiers en pied, ſur le pied par jour de trente-ſept ſols ſix deniers à chaque Capitaine, & ſeize ſols trois deniers à chaque Lieutenant.

RÉGIMENT ROYAL-E'COSSOIS.

Le régiment d'Infanterie Royal-E'coſſois, levé par Milord Drummond de Perth, compoſé d'un bataillon de douze compagnies, dont une de Grenadiers & onze de Fuſiliers, de cinquante-cinq hommes chacune ſans les Officiers, ſera payé, ſçavoir,

Compagnie de Grenadiers.

La compagnie de Grenadiers ſur le pied par jour de trois livres au Capitaine en pied, cinquante ſols au Capitaine réformé, trente-cinq ſols au Lieutenant en pied, dix-huit ſols au Lieutenant réformé, dix ſols à chacun des deux Sergens, ſept ſols à chacun des trois Caporaux, ſix ſols ſix deniers à chacun des trois Anſpeſſades, & ſix ſols à chacun des quarante-ſix Grenadiers & un Tambour : le Capitaine recevra de plus cinq payes de gratification, de ſix ſols chacune, lorſque ſa compagnie ſe trouvera de cinquante-cinq hommes, quatre deſdites payes lorſqu'elle ſera à cinquante-trois & cinquante-quatre hommes, trois à cinquante, cinquante-un & cinquante-deux, deux à quarante-huit & quarante-neuf, & une à quarante-cinq, quarante-ſix & quarante-ſept hommes; le Capitaine n'en pouvant prétendre aucune ſa compagnie étant au deſſous dudit nombre de quarante-cinq hommes.

Compagnies de Fuſiliers.

Chacune des onze compagnies de Fuſiliers ſera payée ſur le pied par jour de cinquante ſols au Capitaine en pied, pareils cinquante ſols au Capitaine réformé, vingt-deux ſols ſix deniers au Lieutenant en pied, dix-huit ſols au Lieutenant réformé, neuf ſols à chacun des deux Sergens, ſix ſols ſix deniers à chacun des trois Caporaux, ſix ſols à chacun des trois Anſpeſſades, & cinq ſols ſix deniers à chacun des quarante-ſix Fuſiliers & un Tambour : le Capitaine recevra de plûs cinq payes de gratification, de cinq ſols ſix deniers chacune, lorſque ſa compagnie ſe trouvera de cinquante-cinq hommes, quatre deſdites payes lorſqu'elle ſera à cinquante-trois & cinquante-quatre hommes, trois à cinquante, cinquante-un & cinquante-deux, deux à quarante-huit & quarante-neuf, & une à quarante-cinq, quarante-ſix & quarante-ſept hommes; le Capitaine n'en pouvant prétendre aucune ſa compagnie étant au deſſous dudit nombre de quarante-cinq hommes.

Etat-major.

Les Officiers de l'Etat-major ſeront payez ſur le pied par jour de ſix livres treize ſols quatre deniers au Colonel, vingt-deux ſols ſix deniers au Lieutenant-colonel, outre leurs appointemens de Capitaine; trois livres ſix ſols huit deniers au Major, cinq livres à l'Interprète, trente ſols à l'Aide-major, vingt ſols à l'Aumônier, & quinze ſols à chacun des Chirurgien & Maréchal des logis.

RÉGIMENT ÉCOSSOIS D'OGILVY.

Le régiment Ecoſſois d'Ogilvy, levé par ordonnance du 28 février 1747, & compoſé de treize compagnies, dont une de Grenadiers de quarante-cinq hommes, & douze de cinquante Fuſiliers chacune, ſans les Officiers, ſera payé, ſçavoir,

Compagnie de Grenadiers.

La compagnie de Grenadiers ſur le pied par jour de trois livres au Capitaine en pied, cinquante ſols au Capitaine en ſecond, trente-cinq ſols au Lieutenant en pied, dix-huit ſols au Lieutenant en ſecond, dix ſols à chacun des deux Sergens, ſept ſols à chacun des trois Caporaux, ſix ſols ſix deniers à chacun des trois Anſpeſſades, & ſix ſols à chacun des trente-ſix Grenadiers & au Tambour. Le Capitaine recevra de plus, à commencer ſeulement du mois de ſeptembre, pourvû que ſa compagnie ait paſſé compléte à quarante-cinq hommes, trois payes de gratification de ſix ſols chacune, lorſqu'elle ſe trouvera de quarante-cinq & quarante-quatre hommes, deux deſdites payes à quarante-un, quarante-deux & quarante-trois hommes,

& une lorſqu'elle ne ſera qu'à quarante hommes; le Capitaine n'en pouvant prétendre aucune ſa compagnie étant au-deſſous dudit nombre de quarante hommes.

Compagnies de Fuſiliers. Chacune des douze compagnies de Fuſiliers ſera payée ſur le pied par jour de cinquante ſols au Capitaine en pied, pareils cinquante ſols au Capitaine en ſecond, vingt-deux ſols ſix deniers au Lieutenant en pied, dix-huit ſols au Lieutenant en ſecond, neuf ſols à chacun des deux Sergens, ſix ſols ſix deniers à chacun des trois Caporaux, ſix ſols à chacun des trois Anſpeſſades, & cinq ſols ſix deniers à chacun des quarante-un Fuſiliers & un Tambour. Le Capitaine recevra de plus, à commencer ſeulement du mois de ſeptembre prochain, pourvû que ſa compagnie ait paſſé compléte à cinquante hommes, quatre payes de gratification de cinq ſols ſix deniers chacune, lorſqu'elle ſe trouvera de quarante-huit, quarante-neuf & cinquante hommes, trois à quarante-ſix & quarante-ſept, deux à quarante-quatre & quarante-cinq, une ſeulement à quarante-deux & quarante-trois, & rien au-deſſous dudit nombre de quarante-deux hommes.

Etat-major. Les Officiers de l'Etat-major ſeront payez ſur le pied par jour de ſix livres treize ſols quatre deniers au Colonel, vingt-deux ſols ſix deniers au Lieutenant-colonel, outre leurs appointemens de Capitaine; trois livres ſix ſols huit deniers au Major, cinq livres à l'Interprète, trente ſols à l'Aide-major, vingt ſols à l'Aumônier, & quinze ſols à chacun des Chirurgien & Maréchal des logis.

VI.

GENDARMERIE.

GARDES-DU-CORPS DU ROY. LES compagnies des Gardes-du-corps de Sa Majeſté, outre le pain & le fourrage qui leur ſeront fournis, ſeront payées pendant qu'elles ſerviront en campagne, ſur le pied par jour de quatre livres dix ſols à chaque Lieutenant, trois livres à chaque Enſeigne, trente ſols à chaque Exempt, Aide-major & au Sous-aide-major établi en chaque compagnie par ordonnance du 9 juin 1745, vingt ſols à chaque

chaque Brigadier, dix-sept sols six deniers à chaque Sous-brigadier, quinze sols à chaque Garde, Trompette & Timbalier, quarante sols à chaque Aumônier, & vingt sols à chaque Chirurgien.

GRENADIERS A CHEVAL.

La compagnie de Grenadiers à cheval de Sa Majesté, de cent cinquante Grenadiers, outre le pain & le fourrage qui leur seront fournis, sera payée sur le pied par jour de vingt-sept sols au Capitaine-lieutenant, dix-huit sols à chacun des trois Lieutenans, treize sols six deniers à chacun des trois Sous-lieutenans, neuf sols à chacun des trois Maréchaux-des-logis, sept sols à chacun des six Sergens, pareils sept sols à chacun des trois Brigadiers & six Sous-brigadiers, six sols à chacun des six Appointés & au Porte-étendard, cinq sols six deniers à chacun des cent vingt-quatre Grenadiers & quatre Tambours, & quarante sols à l'Aumônier.

GENDARMES & CHEVAUX-LÉGERS DE LA GARDE DU ROY.

La Cornette de chacune des compagnies de Gendarmes & de Chevaux-légers de la garde de Sa Majesté, outre le pain & le fourrage qui lui seront fournis, sera payée sur le pied par jour de quinze sols à chaque Brigadier, Sous-brigadier, Gendarme, Chevau-léger, Trompette & Timbalier, vingt sols à l'Aumônier, & dix sols à chacun des petits Officiers de chaque compagnie servant à ladite Cornette; les Officiers desdites compagnies continueront à être payez avec le guet, de leurs appointemens ordinaires.

MOUSQUETAIRES DE LA GARDE DU ROY.

Les détachemens des deux compagnies de Mousquetaires, outre le pain & le fourrage qui leur seront fournis, seront payez sur le pied par jour, de vingt-trois sols à chaque Brigadier, dix-neuf sols à chaque Sous-brigadier, quinze sols à chaque Mousquetaire, vingt sols à l'Aumônier, douze sols à chaque Tambour, Chirurgien, Apothicaire, Fourrier, Sellier & Maréchal-ferrant, & cinquante sols à chaque Joueur de hautbois; Sa Majesté faisant payer d'ailleurs les Officiers de ces compagnies qui commandent lesdits détachemens.

GENDARMERIE. Grands Officiers des compagnies de Gendarmes.

Les Grands Officiers des dix compagnies de Gendarmes de la Gendarmerie, continueront à être payez suivant les états que Sa Majeſté fera expédier; & les Maréchaux des logis, Brigadiers, Sous-brigadiers, Porte-étendards, Gendarmes, Trompettes & Timbaliers, ſur le même pied de ceux des compagnies de Chevaux-légers, ainſi qu'il eſt ci-après expliqué.

Compagnies de Chevaux-légers. Chacune des ſix compagnies de Chevaux-légers de ladite Gendarmerie, compoſée d'un Capitaine-lieutenant, un Sous-lieutenant, deux Cornettes, quatre Maréchaux des logis, deux Brigadiers, deux Sous-brigadiers, un Porte-étendard, ſoixante-dix Chevaux-légers & deux Trompettes, outre le pain & le fourrage qui leur seront fournis, ſera payée ſur le pied par jour de quarante-cinq ſols au Capitaine-lieutenant, dix-huit ſols au Sous-lieutenant, treize ſols ſix deniers à chaque Cornette, neuf ſols à chaque Maréchal des logis, ſix ſols à chaque Brigadier & Sous-brigadier, cinq ſols au Porte-étendard, quatre ſols ſix deniers à chaque Chevau-léger, & cinq ſols ſix deniers à chaque Trompette.

Aumôniers & Timbaliers. Il ſera payé auſſi par jour cinq ſols ſix deniers à chacun des huit Timbaliers entretenus dans les huit premières compagnies, & trente ſols à chacun des deux Aumôniers qui ſont avec leſdites compagnies de Gendarmes & de Chevaux-légers.

E'tat-major. Les Officiers de l'E'tat-major de ladite Gendarmerie, étant payez de leurs appointemens à l'Ordinaire des guerres, il n'en ſera point fait ici mention.

VII.

CAVALERIE, CARABINIERS, HUSSARDS ET DRAGONS.

CAVALERIE. Compagnies. CHAQUE compagnie des régimens de Cavalerie françoiſe ſervant dans les armées, compoſée de trente-cinq Maîtres, ſera payée ſur le pied par jour de dix-huit ſols au Capitaine, douze ſols au Lieutenant, ſix ſols au Maréchal des logis, trois ſols ſix deniers à chacun des deux Brigadiers, & trois ſols à chacun des trente-trois Cavaliers, y compris le Trompette & le Timbalier où il doit y en avoir.

Le Sous-lieutenant qui est dans la compagnie Colonelle du régiment du Colonel-général de la Cavalerie, le Cornette blanc qui est dans ladite compagnie, & le Cornette qui est en chacune des compagnies Mestre-de-camp des régimens du Mestre-de-camp général & du Commissaire-général de la Cavalerie, recevront, sçavoir, le Sous-lieutenant douze sols par jour, le Cornette blanc & chacun des deux autres, neuf sols aussi par jour. *Sous-lieutenans & Cornettes dans la compagnie du Colonel general, & dans celles des Mestre-de-Camp général & Commissaire general de la Cavalerie.*

Les deux Cornettes avec appointemens, que Sa Majesté a conservez par escadron en chacun des régimens de ses troupes de Cavalerie françoise, & les deux cens quatre-vingt-huit Cornettes établis dans pareil nombre de compagnies mises sur pied par les ordonnances du 16 décembre 1742 & premier juillet 1743, seront payez en campagne sur le pied de neuf sols chacun par jour. *Cornettes de Cavalerie françoise.*

Il sera payé pour l'Etat-major de chacun desdits régimens de Cavalerie françoise, dix-huit sols par jour au Mestre-de-camp, douze sols au Lieutenant-colonel, outre leurs appointemens de Capitaine, dix-huit sols au Major, douze sols à l'Aide-major, & neuf sols à chacun des Aumônier & Chirurgien. *Etat-major de Cavalerie françoise.*

Chacun des Officiers réformez qui servent à la suite desdits régimens, sera payé sur le pied par jour de trente-cinq sols au Mestre-de-camp, vingt-cinq sols au Lieutenant-colonel, quinze sols au Capitaine, & dix sols au Lieutenant réformé. *Officiers réformez.*

Chacune des quarante compagnies de trente-cinq Maîtres, qui composent les cinq brigades du régiment Royal-des-Carabiniers, sera payée sur le pied par jour de vingt-deux sols au Capitaine, quinze sols au Lieutenant, huit sols au Maréchal-des-logis, quatre sols six deniers à chacun des deux Brigadiers, & quatre sols à chacun des trente-trois Carabiniers, compris le Trompette & le Timbalier où il doit y en avoir. *CARABINIERS. Compagnies.*

Les vingt Cornettes avec appointemens, que Sa Majesté a conservez dans lesdites cinq brigades, seront payez sur le pied de douze sols chacun par jour. *Cornettes.*

Etat-major. L'Etat-major dudit régiment ſera payé ſur le pied de vingt-deux ſols par jour pour les appointemens de Monſieur le Prince de Dombes Meſtre-de-camp-lieutenant, pareils vingt-deux ſols pour chacun des Meſtres-de-camp qui ſervent ſous lui à la tête des cinq brigades dudit régiment, outre leurs appointemens de Capitaine, quatorze ſols à chaque Lieutenant-colonel, auſſi outre l'appointement de Capitaine, vingt-deux ſols à chaque Major, quinze ſols à chaque Aide-major, & dix ſols à chaque Aumônier & Chirurgien.

FILTZJAMES. Compagnies. Le régiment de Cavalerie Irlandoiſe de Filtzjames, qui étoit compoſé de ſeize compagnies, & qui a été réduit par ordonnance du 23 avril 1745, à douze compagnies de quarante-ſix Maitres chacune, ſera payé ſur le pied par jour de cinquante ſols au Capitaine de chaque compagnie, vingt-cinq ſols au Lieutenant, treize ſols quatre deniers au Maréchal-des-logis, ſix ſols à chacun des deux Brigadiers, & cinq ſols ſix deniers à chacun des quarante-quatre Cavaliers, y compris le Trompette & le Timbalier où il doit y en avoir.

Cornettes. Il ſera payé à chacun des dix Cornettes ſervant dans ledit régiment, dix-huit ſols neuf deniers chacun par jour.

Etat-major. L'Etat-major dudit régiment ſera payé ſur le pied par jour de vingt-deux ſols trois deniers au Meſtre-de-camp, ſeize ſols huit deniers au Lieutenant-colonel, outre leurs appointemens de Capitaine; trois livres au Major, trente ſols à l'Aide-major, quinze ſols à l'Aumônier, & ſept ſols au Chirurgien.

Officiers réformez. Les Officiers réformez qui ſervent à la ſuite dudit régiment, ſeront payez ſur le pied par jour de trois livres un ſol à chaque Meſtre-de-camp, cinquante-huit ſols quatre deniers à chaque Lieutenant-colonel, quarante ſols à chaque Capitaine, & dix-neuf ſols ſix deniers à chaque Lieutenant réformé.

ROYAL-ALLEMAND. Compagnies. Le régiment Royal-Allemand, qui étoit compoſé de ſeize compagnies, & qui a été porté au nombre de dix-huit, de cinquante Maîtres chacune, par ordonnance du

16

16 octobre 1744, sera payé sur le pied par jour de trois livres au Capitaine, trente sols au Lieutenant, quinze sols au Maréchal des logis, quatre sols six deniers à chacun des trois Brigadiers, & trois sols six deniers à chacun des quarante-sept Cavaliers, y compris les Cadets, Trompettes & Timbalier : il sera de plus payé six deniers par jour à chaque Cadet qui passera en revûe dans le nombre desdits Cavaliers, sur le certificat du Commandant du régiment. *Cadets.*

L'Etat-major dudit régiment sera payé sur le pied par jour, de trois livres six sols huit deniers au Mestre-de-camp, cinquante sols à chacun des deux Lieutenans-colonels, outre leurs appointemens de Capitaine, quatre livres trois sols quatre deniers à chacun des deux Majors, vingt-six sols huit deniers à chacun des deux Aide-majors, treize sols quatre deniers au Maréchal-des-logis, seize sols huit deniers au Prévôt, treize sols quatre deniers à son Lieutenant, dix sols au Greffier, treize sols quatre deniers à chacun des Aumônier & Chirurgien, & sept sols six deniers à chacun des quatre archers & à un exécuteur de justice. *Etat-major.*

Il sera payé aux Officiers réformez servant à la suite dudit régiment, trois livres par jour à chaque Mestre-de-camp & Lieutenant-colonel, trente sols à chaque Capitaine, & quatorze sols à chaque Lieutenant. *Officiers réformez.*

Le régiment de Cavalerie allemande de Rosen, qui étoit composé de seize compagnies, & qui a été porté au nombre de dix-huit, de cinquante Maîtres chacune, par ordonnance du 16 octobre 1744, sera payé sur le pied par jour de trois livres au Capitaine de chaque compagnie, trente sols au Lieutenant, treize sols quatre deniers au Maréchal des logis, quatre sols à chacun des trois Brigadiers, & trois sols six deniers à chacun des quarante-sept Cavaliers, compris le Trompette & le Timbalier. *ROSEN. Compagnies.*

L'Etat-major dudit régiment sera payé sur le pied par jour de trois livres six sols huit deniers au Mestre-de-camp, quarante sols au Lieutenant-colonel, outre leurs *Etat-major.*

appointemens de Capitaine, cinq livres dix sols au Major, trois livres à l'Aide-major, treize sols quatre deniers à chacun des Aumônier, Chirurgien & Auditeur, & sept sols six deniers à chacun des Greffier, trois archers & un exécuteur.

Officiers réformez. Les Officiers réformez servant à la suite dudit régiment, seront payez sur le même pied de ceux qui sont à la suite du régiment Royal-Allemand.

Cornettes des régimens Royal-Allemand & Rosen. Les deux Cornettes avec appointemens, que Sa Majesté a conservez par escadron en chacun des régimens Royal-Allemand & de Rosen, & les douze établis dans pareil nombre de compagnies mises sur pied dans les deux régimens par ordonnances des 16 décembre 1742, premier juillet 1743, & 16 octobre 1744, seront payez sur le pied de vingt-deux sols six deniers par jour chacun.

NASSAU.

Compagnies. Le régiment de Cavalerie Allemande levé par le Prince de Nassau-Saarbruck, en vertu de l'ordonnance du 16 octobre 1744, composé de douze compagnies de cinquante Maîtres chacune, sera payé, sçavoir, chaque compagnie sur le pied par jour de trois livres au Capitaine, trente sols au Lieutenant, vingt-deux sols six deniers au Cornette, treize sols quatre deniers au Maréchal des logis, quatre sols à chacun des trois Brigadiers, & trois sols six deniers à chacun des quarante-sept Cavaliers, compris le Trompette & le Timbalier qui est dans la compagnie Mestre-de-camp.

Etat-major. L'Etat-major dudit régiment sera payé sur le pied par jour de trente-trois sols quatre deniers au Mestre-de-camp, vingt sols au Lieutenant-colonel, outre leurs appointemens de Capitaine, trois livres six sols huit deniers au Major, vingt-six sols huit deniers à l'Aide-major, qui ne pourra avoir d'autre charge dans le régiment, & neuf sols à chacun des Aumônier & Chirurgien.

HUSSARDS.

Compagnies. Les régimens de Hussards de d'Apremont-Linden, de Berchiny, de Turpin, ci-devant David, de Beausobre, de Pollereczky, & ceux de Cavalerie étrangère de Raugrave & de Hussards de Ferrary, chacun de douze compagnies, au moyen de ſix compagnies miſes par augmentation dans ce dernier régiment, en conſéquence de l'ordonnance du 15 janvier 1747, ſeront payez ſur le pied par jour de trois livres au Capitaine de chaque compagnie compoſée de cinquante Maîtres, trente ſols au Lieutenant, vingt-deux ſols ſix deniers au Cornette, treize ſols quatre deniers au Maréchal des logis, quatre ſols ſix deniers à chacun des trois Brigadiers, & trois ſols ſix deniers à chacun des quarante-ſept Huſſards ou Cavaliers, compris le Trompette & le Timbalier.

Huſſards ſurnuméraires du régiment de Berchiny.

Les vingt-cinq ſurnuméraires montez, qui ſont entretenus en chacune des douze compagnies du régiment de Berchiny, en conſéquence de l'ordonnance du premier ſeptembre 1744, y ſeront payez en paſſant préſens aux revûes, à raiſon de trois ſols ſix deniers par jour.

Etat-major.

L'Etat-major de chacun deſdits régimens ſera payé ſur le pied par jour, de trente-trois ſols quatre deniers au Meſtre-de-camp, vingt ſols au Lieutenant-colonel, outre leurs appointemens de Capitaine, quatre livres cinq ſols au Major, trente ſols à l'Aide-major, & neuf ſols à chacun des Aumônier & Chirurgien.

Officiers réformez.

Les Officiers réformez entretenus à la ſuite deſdits régimens, recevront le même traitement que ceux du régiment Royal-Allemand.

COMPAGNIE FRANCHE de HUSSARDS de ROSEMBERG.

La compagnie franche de Huſſards Hongrois de Roſemberg, ci-devant Goengoëzy, compoſée de cinquante hommes, que le Roy a priſe à ſon ſervice par ordonnance du premier avril 1744, continuera de recevoir la ſolde qui lui eſt réglée par l'ordonnance du premier décembre 1746, ſur laquelle ſolde il ſera retenu deux ſols pour chaque ration de pain fournie aux Brigadiers, Huſſards & Trompette ſeulement; les Officiers n'en devant point avoir, ſi ce n'eſt en le payant au prix de Sa Majeſté.

Traitement du ſieur Tott.

Le ſieur Tott qui a été entretenu par ordre du premier juin 1744, à la ſuite de ladite compagnie, en qualité de Lieutenant réformé, y ſera payé ſur le pied de vingt-ſept ſols dix deniers par jour en paſſant préſent aux revûes.

Dragons. *Compagnies.*

Les compagnies des régimens de Dragons, compoſées de cinquante hommes chacune, ſeront payées, étant en campagne, ſur le pied par jour de quinze ſols au Capitaine, dix ſols au Lieutenant, ſix ſols au Cornette, cinq ſols au Maréchal des logis, trois ſols à chaque Brigadier, & deux ſols ſix deniers à chaque Dragon & Tambour.

Seconds Lieutenans, Sous-lieutenans & Cornettes, dans les compagnies générale & Meſtre-de-camp général des Dragons.

Le ſecond Lieutenant, le Sous-lieutenant & le Cornette, entretenus dans la compagnie générale du régiment du Colonel général des Dragons, & le ſecond Lieutenant & le Cornette qui ſont dans la compagnie Meſtre-de-camp du régiment du Meſtre-de-camp général des Dragons, ſeront payez ſur le pied par jour de dix ſols à chaque ſecond Lieutenant, huit ſols au Sous-lieutenant, & ſix ſols à chaque Cornette : Entendant Sa Majeſté que les charges de ſecond Lieutenant dans leſdites compagnies, ne ſoient point remplacées lorſqu'elles viendront à vaquer.

Appointemens de trois Capitaines du régiment de Dragons d'Orléans.

Les ſieurs de Bouteliére & des Landes qui ont eu des commiſſions de Capitaine pour commander les compagnies de Kerouarts & de Saint-Mandé au régiment de Dragons d'Orléans, ſeront payez en paſſant préſens aux revûes dudit régiment, ſur le pied de dix ſols par jour, leſquels ceſſeront du jour qu'ils viendront à changer d'état ou à décéder.

Le ſieur le Maire qui a eu de même une commiſſion de Capitaine pour commander la compagnie de Caſtellanne audit régiment de Dragons d'Orléans, pendant l'abſence du titulaire, recevra auſſi dix ſols d'appointemens par jour, en paſſant préſent aux revûes.

Leſdits ſieurs Bouteliére, des Landes & le Maire, n'auront l'étape en route que comme les Lieutenans en pied dudit régiment, & ne recevront que le même traitement ſoit en uſtenſile, pain & fourrage, lorſque Sa Majeſté en ordonnera.

E'tat-major.

L'E'tat-major de chaque régiment de Dragons, ſera payé ſur le pied par jour de trois livres quinze ſols au Meſtre-de-camp, outre ſes appointemens de Capitaine, quinze ſols au Major,

Major, dix ſols à l'Aide-major, & neuf ſols à l'Aumônier.

Officiers réformez de Dragons.

Les Officiers réformez qui ſervent à la ſuite des régimens de Dragons, ſeront payez ſur le pied par jour de trente-cinq ſols au Meſtre-de-camp, vingt-cinq ſols au Lieutenant-colonel, douze ſols au Capitaine, & huit ſols au Lieutenant.

Sa Majeſté, en confirmant ce qui eſt réglé par ſon ordonnance du 25 août 1745, ordonne

Maréchaux des logis ſurnuméraires de Carabiniers, & des régimens de Cavalerie & de Dragons qui ont ſervi en Bohéme & en Bavière.

Que les Maréchaux des logis qui, en conſéquence de ladite ordonnance, ſont entretenus comme ſurnuméraires dans les brigades de Carabiniers, & dans la Cavalerie françoiſe & étrangère & les Dragons, des régimens qui ont ſervi en Bohéme & en Bavière, dont il ſera fait diſtinction dans les revûes, continuent à recevoir les appointemens de campagne qu'ils avoient en cette qualité, juſqu'à leur remplacement aux premières places vacantes dans les compagnies où ils ſont entretenus.

VOLONTAIRES de SAXE.

Le régiment de Cavalerie légère, ſous le nom de Saxe-volontaire, levé en conſéquence de l'ordonnance particulière du 30 mars 1743, compoſé de mille hommes, les Officiers compris, ſera payé à raiſon de vingt-cinq livres par homme par mois, ſur le pied complet, ſans diſtinction de grade depuis le Colonel juſqu'au dernier des mille hommes qui forment les ſix brigades & l'Etat-major dudit régiment; chaque brigade de cent ſoixante hommes, commandée par un Rotmeiſter ou Capitaine en pied, avec un Capitaine en ſecond, un premier Lieutenant, deux Lieutenans en ſecond, vingt bas Officiers, un Frater, un Sellier, un Maréchal-ferrant, quatre Tambours, ſoixante-quatre Volontaires, & ſoixante-quatre Pacolets ou Dragons:

Solde & compoſition des brigades & de l'Etat-major.

Et l'Etat-Major de quarante hommes, ſçavoir, un Poulcoüenic ou Colonel, un Lieutenant-colonel, un Major, un Quartier-meiſter, un Adjudant ou Garçon-major, un Auditeur, un Aumônier, un Chirurgien-major, un Vagmeſtre, un Prévôt, un maître Charpentier, dix Charpentiers, un Timbalier, dix Hautbois & huit Valets.

Payes de gratification de chaque brigade.

Outre la ſolde ci-deſſus Sa Majeſté accorde par brigade

vingt payes de gratification, auſſi de vingt-cinq livres chacune, lorſqu'elle aura paſſé aux revûes des Commiſſaires des guerres, de cent ſoixante à cent quarante hommes, les Officiers compris; quinze deſdites payes lorſqu'elle ſera de cent trente-neuf à cent vingt, & dix deſdites payes ſeulement, lorſqu'elle ne ſe trouvera que de cent dix-neuf à cent, n'en devant être donnée aucune lorſque ladite brigade ſera au-deſſous dudit nombre de cent hommes.

Maſſe pendant la campagne 1747, de la Cavalerie & des Dragons.

Sa Majeſté ayant ordonné qu'il ſeroit retenu ſur l'uſtenſile des troupes de Cavalerie françoiſe & étrangère, & de Dragons, auxquelles il a été accordé le quartier d'hiver 1746 à 1747, le produit de la Maſſe des ſix mois de la campagne, du premier mai au dernier octobre 1747, Sa Majeſté ordonne que le payement de cette Maſſe leur ſoit fait à Paris, ſur deux billets qui en ſeront remis par le Tréſorier général de l'Extraordinaire des guerres, au Major ou Officier chargé du détail de chaque troupe, leſquels billets ſeront timbrez, l'un, Billet d'uſtenſile pour tenir lieu de groſſe Maſſe pendant la campagne 1747, à raiſon de ſix deniers par homme; & l'autre, Billet d'uſtenſile pour tenir lieu de petite Maſſe pendant la campagne 1747, ſur le pied de quatre deniers par homme. Sa Majeſté ordonne auſſi que les troupes de Cavalerie françoiſe, étrangère & de Dragons qui n'ont pas eu d'uſtenſile le quartier d'hiver 1746 à 1747, & qui ſont dans le cas d'avoir la Maſſe, la reçoivent au complet pour le tems qu'elles ſeront à la ſolde de campagne, ſur le pied de dix deniers par homme, dans la forme preſcrite par l'ordonnance de ſolde du premier décembre 1746.

Pour le payement de la ſolde, ſans aucune retenue pendant la campagne.

L'intention de Sa Majeſté eſt que ce qui eſt ci-deſſus réglé pour les Gardes, Gendarmes, Chevaux-légers, Mouſquetaires & Grenadiers à cheval, & pour les Sergens, Soldats, Gendarmes & Chevaux-légers de la Gendarmerie, Cavaliers, Carabiniers, Huſſards & Dragons des troupes, tant françoiſes qu'étrangères, pendant qu'elles ſe trouveront en campagne, leur ſoit entièrement payé, ſans que les Capitaines puiſſent en rien retenir, ſous quelque prétexte que ce puiſſe être.

Pour le traitement des troupes dans les garniſons, pendant la campagne.

Comme quelques-uns des régimens qui ſervent dans les armées, pourroient demeurer dans les places pendant une partie de la campagne, Sa Majeſté entend qu'ils y ſoient payez de leur ſolde d'hiver en conformité de l'ordonnance du premier décembre 1746; que le pain ſoit fourni aux Sergens, Soldats, Cavaliers, Carabiniers, Huſſards, Dragons, Tambours, Trompettes & Timbaliers, & qu'il ſoit retenu deux ſols ſur leur ſolde, pour chaque ration.

Ordonne Sa Majeſté que ſi dans le nombre de ces régimens il s'en trouve quelques-uns qui aient eu l'uſtenſile le quartier d'hiver 1746 à 1747, ils ne pourront répéter de Maſſe pour le tems de la campagne qu'ils recevront la paye de garniſon, attendu qu'ils en trouveront le fonds au moyen de la déduction qui leur en a été faite pour ſix mois, du premier mai au dernier octobre 1747, ſur leur uſtenſile, ainſi qu'il eſt ci-deſſus expliqué à l'article de la Maſſe.

VIANDE.

La viande ſera fournie ſur le pied d'une demi-livre par jour, à l'exception des vendredis, aux Sergens, Soldats & Tambours de l'Infanterie françoiſe, ſans aucune retenue ſur la ſolde de campagne.

Elle ſera pareillement fournie aux Sergens & Soldats de l'Infanterie étrangère, & aux Brigadiers, Cavaliers; Carabiniers, Huſſards, Dragons, Tambours, Trompettes & Timbaliers : mais il ſera retenu pour chaque livre de viande, deux ſols onze deniers ſur la ſolde de l'Infanterie étrangère, à l'exception des Suiſſes, & trois ſols cinq deniers ſur celle de la Cavalerie, des Carabiniers, Huſſards & Dragons.

Uſtenſile des Capitaines & Officiers ſubalternes de l'Infanterie, pendant la campagne.

Sa Majeſté ayant fait retenir ſur l'uſtenſile des régimens qui en ont eu le quartier d'hiver dernier, cent cinquante livres à chaque Capitaine d'Infanterie, l'uſtenſile en entier à chaque Capitaine en ſecond des bataillons du régiment Royal-Artillerie, & à chaque Lieutenant, Sous-lieutenant ou Enſeigne, & deux ſols pour chaque Gendarme &

Chevau-léger de la Gendarmerie, & pour chaque Carabinier, Cavalier, Huſſard & Dragon, qui doivent leur être diſtribuez pendant la campagne; ſon intention eſt que leſdites ſommes leur ſoient remiſes, ſçavoir, pour l'Infanterie, au Capitaine trente livres par chacun des mois de juin, juillet, août, ſeptembre & octobre : & l'uſtenſile entier des Capitaines en ſecond, Lieutenans, Sous-lieutenans ou Enſeignes, leur ſera payé par portion égale, par chacun des mois de mai, juin, juillet, août, ſeptembre & octobre, ſur un état particulier dreſſé par les Commiſſaires des guerres, après chaque revûe de campagne, à ceux qui étant pourvûs deſdites charges, y auront paſſé préſens.

E'cu de campagne.

Et pour les deux ſols de retenue par jour pendant les cent cinquante jours du quartier d'hiver, ſur la place d'uſtenſile de chaque Gendarme & Chevau-léger de la Gendarmerie, & de chaque Carabinier, Cavalier, Huſſard & Dragon, faiſant la ſomme de quinze livres, Sa Majeſté ordonne qu'elle ſoit diſtribuée manuellement par le Major ou Aide-major de la Gendarmerie & de chaque régiment, aux Gendarmes, Chevaux-légers, Carabiniers, Cavaliers, Huſſards & Dragons, ſur le pied d'un écu de ſoixante ſols, par chacun des mois de juin, juillet, août, ſeptembre & octobre, même à ceux des régimens qui ayant reçu le quartier d'hiver, reſteroient dans les garniſons pendant la campagne; ſans que leſdits Officiers-majors puiſſent s'en diſpenſer pour quelque raiſon que ce ſoit, à peine d'être privez de leurs charges : au moyen de quoi leſdits Carabiniers, Cavaliers, Huſſards & Dragons ſeront obligez de s'entretenir de linge, culotte, de bas & de ſouliers, & d'entretenir leurs chevaux de ferrage, de tenir leurs armes nettes & d'y faire les menues réparations, en ſorte qu'elles ſoient en bon état: Entend Sa Majeſté que ſi ces armes venoient à être en un état à ne pouvoir plus ſervir, ſans que ce ſoit par la faute du Cavalier ou du Dragon, qu'il ſoit néceſſaire de les changer, le

Capitaine

Capitaine en faſſe la dépenſe ; & qu'au ſurplus chaque Capitaine entretienne chaque Carabinier, Cavalier, Huſſard & Dragon, de cheval, houſſe, ſelle, harnois, bride, habillement, manteau, chapeau, bottes & armes.

MANDE & ordonne Sa Majeſté aux Gouverneurs & ſes Lieutenans généraux en ſes provinces, aux Commandans en chef, & aux Lieutenans généraux dans ſes armées, aux Maréchaux-de-camp ayant le commandement ſur ſes troupes, aux Gouverneurs de ſes villes & places, & à ceux qui y commandent, aux Intendans de ſes armées, dans les provinces & ſur les frontières, aux Directeurs & Inſpecteurs généraux de ſes troupes, aux Commiſſaires des guerres, & à tous autres ſes Officiers qu'il appartiendra, de tenir la main à l'exécution de la préſente. FAIT à Verſailles le trente avril mil ſept cens quarante-ſept. *Signé* LOUIS. *Et plus bas,* M. P. DE VOYER D'ARGENSON.

www.ingramcontent.com/pod-product-compliance
Ingram Content Group UK Ltd.
Pitfield, Milton Keynes, MK11 3LW, UK
UKHW021945260726
13994UKWH00004B/1541

9 782329 319629